이화 한국어

이화 한국어 4

지은이 허연임 · 윤영 · 권경미 · 이을지 · 최우전

펴낸날 1판 1쇄 2011년 12월 7일
7쇄 2022년 9월 19일

펴낸이 주소현 **펴낸곳** 이화여자대학교출판문화원
주소 서울특별시 서대문구 이화여대길 52(우 03760) **등록** 1954년 7월 6일 제9-61호
전화 02) 3277-2965(편집), 02) 362-6076(마케팅)
팩스 02) 312-4312 **전자우편** press@ewha.ac.kr **홈페이지** www.ewhapress.com

책임편집 이혜지, 민지영, 이정원 **디자인** design **Vita**
일러스트 이지영 **사진** 정영진, 이화여자대학교 언어교육원, 이화여자대학교 홍보과
녹음 정영진@e-sound studio **성우** 최하나, 최정호

ISBN 978-89-7300-939-8 18710
978-89-7300-875-9 (세트)
값 26,000원

* 사진 촬영에 협조해 주신 이화여자대학교 언어교육원 학생들과 이화여자대학교 학생들에게 감사를 드립니다.
* 사진 게재를 허락해 주신 금융감독원, 전은선 님, 홍아람 님께 감사를 드립니다.
* 잘못된 책은 구입처에서 바꾸어 드립니다.

이화여자대학교 언어교육원
Ewha Womans University
Ewha Language Center

이화 한국어

Ewha KOREAN

허연임 · 윤영 · 권경미 · 이을지 · 최우전 지음

4

EPRESS

책을 펴내면서

이화여자대학교 언어교육원은 국내 최초의 의사소통 중심 교재 『말이 트이는 한국어(Pathfinder in Korean)』를 발간한 지 12년 만에 새로운 의사소통 중심 교재 『이화 한국어(Ewha Korean)』를 발간하게 되었습니다. 지난 10여 년 동안 『말이 트이는 한국어(Pathfinder in Korean)』는 세계 각국에서 한국어 교재로 널리 사용되어 왔으며 현재까지도 외국인들에게 한국어 학습의 좋은 길잡이가 되고 있습니다. 그러나 새로운 시대 흐름에 맞춘 교재 집필이 필요하다고 생각되어 언어교육원에서는 2008년부터 『이화 한국어(Ewha Korean)』 개발에 착수하였으며, 교육과학기술부의 '2009 한국어 연수 프로그램 지원사업'에 선정되어 교재 개발에 박차를 가할 수 있게 되었습니다. 그리고 지난 일 년간 언어교육원 한국어 과정에서 몇 차례의 시험 사용, 수정 작업을 거쳐 발간하기에 이르렀습니다. 『이화 한국어(Ewha Korean)』 시리즈는 1급에서 6급까지 총 26권의 교재와 연습서로 구성되며, 앞으로 단계적으로 발간될 예정입니다.

『이화 한국어(Ewha Korean)』는 말하기 · 듣기 · 읽기 · 쓰기의 통합 교재이며 초급부터 고급까지 연계적으로 구성되어 있습니다. 이 교재는 네 가지 언어 기능의 균형 있는 발전을 유도하면서도 특히 말하기 능력을 강화하도록 고안된 것이 특징입니다. 말하기 연습을 유도하는 장치로 'Try it'을 활용하였는데 이것은 외국인 학습자가 주도적으로 대화를 이끌어 갈 수 있도록 담화 순서와 문장의 핵심어를 담은 것입니다. 이 장치를 따라 말하기 연습을 함으로써 학습자는 단순 암기 방식에서 벗어나서 주도적으로 대화를 이끌어 가는 능력을 기를 수 있을 것입니다. 또한 최근 학습자 성향과 편의를 고려하여 1~3급은 교재를 두 권으로 구성하였으며, 1급과 2급은 영어, 일본어, 혹은 중국어로 설명을 넣는 등 세밀하게 학습자 요구를 반영하고자 하였습니다.

이화여자대학교 언어교육원을 대표하여, 『이화 한국어(Ewha Korean)』가 출간되기까지 이 책의 저자들이 쏟은 열정과 노고에 대해서 깊은 감사를 드립니다. 또한 내용 구성에 많은 조언을 해 주신 이해영, 김영규, 최형용, 박선희 교수님께 감사의 말씀을 드리며, 문학 부분에 조언을 해 주신 김현자 교수님께도 감사의 말씀을 드립니다. 또한 편집과 출판을 맡아 주신 이화여자대학교출판문화원에도 고마움을 전합니다.

앞으로 『이화 한국어(Ewha Korean)』가 국내외에서 한국어 교재로 널리 활용되어 한국어를 쉽고 재미있고 효과적으로 교수 · 학습하는 데 기여하기를 기대합니다.

2010년 6월

이화여자대학교 언어교육원

원장 양 혜 순

차례

Contents

교재 구성표

단원	제목	내용		
		Part 1		Part 2
		준비합시다	말해 봅시다	토의해 봅시다
1	만남과 관계	-더니 -(으)ㄴ/는 대로 -(으)ㄴ/는/(으)ㄹ 듯(이)	새 학기를 시작하는 소감과 각오 말하기 표현 4급에서 공부하게 된 소감 말하기/처음과 달리 어려워졌음을 말하기/한국어 공부의 어려운 점 말하기/자신이 더 걱정스럽다고 말하기	좋은 인간관계를 유지하는 방법에 대해 토의하기
2	문제와 해결	-는 한 -았/었더니 -(으)며	인터넷으로 구입한 물건 전화로 반품 요청하기 표현 주문한 제품이 맞는지 묻기/반품 이유 묻기/반품 이유 말하기/이의 제기하기/반품 조건 말하기	공동생활의 문제를 해결하는 방법에 대해 토의하기
3	TV와 생활	치고 에 따라 -더라도	친구와 같이 볼 TV프로그램 정하기 표현 프로그램의 좋은 점 말하기/프로그램에 대한 부정적 의견 말하기/부정적 의견에 예외가 없음을 말하기/예외가 있음을 말하기/제안에 대한 확신 표현하기	TV의 역기능을 최소화하는 방법에 대해 토의하기
4	진로와 직업	-아/어 봤자 -아/어 두다 -(으)ㄴ 끝에	진로에 대해 고민하는 친구에게 조언하기 표현 취직하기 어렵다고 말하기/걱정해도 소용없음을 말하기/준비할 것 조언하기/준비의 중요성 말하고 격려하기	후회 없는 진로 선택을 위한 방법에 대해 토의하기
5	여행과 축제	-거든 -(으)ㄹ 겸 -(으)ㄴ/는 탓	친구의 조건에 맞는 여행지와 숙소 추천하기 표현 주말 계획과 목적 말하기/조건에 맞는 여행지 추천하기/조건에 맞는 숙소 추천하기/숙소의 좋은 점 말하기	성공적인 축제를 만드는 방법에 대해 토의하기
6	음식과 건강	-(으)ㄴ/는 셈이다 -듯이 -고도	건강을 위해 먹는 음식 추천하기 표현 건강 상태 말하고 이유 추측하기/음식의 맛과 느낌 설명하기/자주 먹는 정도 말하기	건강에 좋은 음식에 대해 토의하기
7	명절과 기념일	-(으)ㄴ/는가 하면 -고자 -기 마련이다	새해맞이 행사 소개하고 자신의 새해맞이 계획 말하기 표현 새해를 맞이하는 다양한 방법 말하기/행사 참여 목적 말하기/참여하는 사람이 많음을 말하기/관심 가는 것 말하기	새로운 기념일 문화에 대해 토의하기
8	결혼	여간 -지 않다 -도록 (으)로 인해	자신이 원하는 배우자와 결혼식에 대해 말하기 표현 자신이 원하는 배우자에 대해 말하기/눈이 아주 높음을 말하기/어떤 말을 자주 들었음을 말하기/자신이 원하는 결혼식에 대해 말하기/자신이 더 급한 상황임을 말하기	변화하는 결혼 풍습에 대해 토의하기
9	이웃과 공동체	-기는커녕 -다고 해서 -다가는	이웃 돕기 행사 계획하기 표현 이웃 돕기 방법 제안하기/어떤 일을 할 수 없음을 강조해서 말하기/요리를 못해도 참여할 수 있다고 말하기/아는 사람이 많음을 말하기	더불어 사는 사회를 만들기 위한 방법 토의하기
10	현대 사회와 생활	-길래 -(으)ㄴ/는데도 조차	소비 습관에 대해 말하기 표현 생활비가 부족한 것에 대한 걱정 말하기/충동구매하는 습관을 고치기 어려움을 말하기/충동구매를 줄이는 방법 조언하기/자신의 지출 유형에 대해 말하기	현대 사회의 경쟁에 대해 토의하기

내용					
	Part 3			Culture & Literature	
들어 봅시다	읽어 봅시다	써 봅시다	관용 표현	문화와 생활	문학 기행
원만한 인간관계 유지 방법에 대한 강연 듣기	특별한 만남에 대한 서술의 글 읽기	특별한 만남에 대한 서술의 글 쓰기	낯이 익다 낯을 가리다 눈살을 찌푸리다	한국인의 정	저녁에(시)
이웃 간 소음 문제에 대한 캠페인 듣기	생활의 불편한 점에 대한 투고의 글 읽기	생활의 불편한 점에 대한 투고의 글 쓰기	골치가 아프다 내 코가 석 자다 눈앞이 캄캄하다	신문고	왕후의 밥, 걸인의 찬(수필)
TV 안 보기 운동에 대한 인터뷰 듣기	TV 프로그램에 대한 비평의 글 읽기	TV 프로그램에 대한 비평의 글 쓰기	낯이 뜨겁다 눈에 거슬리다 눈 뜨고 볼 수 없다	한국인과 TV	라디오와 같이 사랑을 끄고 켤 수 있다면(시)
제2의 인생을 시작한 사람과의 인터뷰 듣기	개인의 특성과 직업에 대한 분류의 글 읽기	개인의 특성과 직업에 대한 분류의 글 쓰기	속이 타다 물 건너가다 발 뻗고 자다	시대별 인기 학과	바람에게도 길이 있다(시)
안동 탈춤 축제에 대한 광고 듣기	한국 전통 테마 여행에 대한 기고의 글 읽기	테마 여행에 대한 기고의 글 쓰기	눈에 선하다 발이 묶이다 바가지를 쓰다	한국인과 여행	메밀꽃 필 무렵(소설)
바른 먹을거리 확인 방법에 대한 강연 듣기	맛집 탐방 글 읽기	맛집 탐방 글 쓰기	입이 짧다 군침이 돌다 간에 기별도 안 가다	음식 궁합	칼국수(시)
기념일 문화에 대한 시민 인터뷰 듣기	명절의 유래와 풍습에 대한 소개의 글 읽기	명절의 유래와 풍습에 대한 소개의 글 쓰기	녹초가 되다 손이 모자라다 손꼽아 기다리다	내 더위 사 가시오	설날 아침에(시)
신세대들의 결혼관에 대한 뉴스 듣기	결혼에 대한 설문 조사 보고의 글 읽기	결혼에 대한 설문지 작성 및 설문 결과 정리의 글 쓰기	국수를 먹다 바가지를 긁다 눈에 콩깍지가 씌다	함 사세요	사랑손님과 어머니(소설)
용감한 시민상을 수상한 시민의 인터뷰 듣기	이웃 관계에 대한 칼럼 읽기	이웃과 공동체에 대한 칼럼 쓰기	색안경을 끼고 보다 발 벗고 나서다 귀를 기울이다	상부상조의 정신, 품앗이	저문 강에 삽을 씻고(시)
경쟁 사회의 문제에 대한 대담 듣기	지역 이기주의에 대한 주장의 글 읽기	사회 문제에 대한 주장의 글 쓰기	눈감아 주다 시치미를 떼다 낯이 두껍다	한국의 '빨리빨리' 성향	십년을 경영하여(시조)

교재 구성과 사용법

- 『이화 한국어 4』는 10과로 이루어져 있습니다.
- 각 단원은 Part 1, 2, 3과 'Culture & Literature'로 구성되어 있습니다. Part 1, 2, 3은 문법, 말하기, 토의하기, 듣기, 읽기, 쓰기, 관용 표현을 학습하는 부분이며, 'Culture & Literature'는 한국의 문화를 알아보고 문학 작품을 접해 보는 부분입니다.

단원 구성

단원 표지

사진 자료로 단원의 내용을 알 수 있도록 보여 줍니다.

단원의 학습 내용과 목표를 알려 줍니다.

Part1

준비합시다와 말해 봅시다로 구성되어 있습니다. 준비합시다에서 3개의 문법을 학습하고, 말해 봅시다에서 실제적인 말하기 과제를 연습해 봅니다.

문법을 학습하기 전에 학생이 문법의 쓰임과 의미에 대해 생각해 볼 수 있도록 간단한 질문을 제시했습니다.

상황이 있는 그림과 예문으로 문법이 언제, 어떻게 사용되는지를 알려 줍니다.

문법의 의미(쓰임)를 명확하게 알 수 있도록 설명을 제시했으며, 결합 정보와 전형적으로 사용되는 구체적인 예문을 제시했습니다. (N=명사, A=형용사, V=동사)

문법 연습을 말하기 활동으로 제시했습니다. 연습 방법을 알 수 있도록 지시문과 〈보기〉를 제시했습니다.

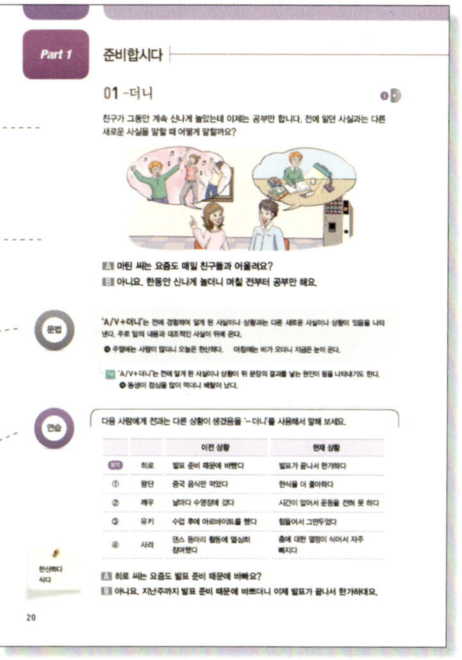
Part 1 준비합시다

01 -더니

A 마틴 씨는 요즘도 매일 친구들과 어울려요?
B 아니요, 한동안 신나게 놀더니 며칠 전부터 공부만 해요.

20

말하기 과제의 내용과 상황, 대화자의 역할을 그림과 함께 제시했습니다.

모범 대화문을 학습하기 전에 주어진 역할에 맞게 대화를 만들어 보는 연습입니다. 제시된 대화 틀을 보면서 두 사람이 대화를 만들어 봅니다. 대화 틀은 대화의 흐름을 알려 주는 것으로 담화에 대한 이해력, 구성 능력을 길러 줍니다. 말하기 과제를 수행하는 데 중요한 기능에는 를 표시해 무엇에 중점을 두고 대화를 구성하는지 안내해 줍니다. Try it은 암기에 의존하지 않고 스스로 대화를 주도하면서 구성하는 능력을 길러 줍니다.

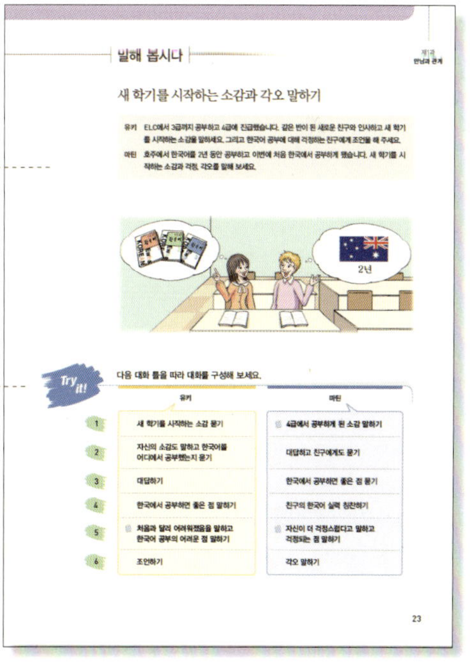
말해 봅시다

새 학기를 시작하는 소감과 각오 말하기

Try it!

23

말하기 과제 수행에 필요한 기능 표현입니다. Try it의 대화 틀에서 ▢으로 표시했던 부분에서 사용할 수 있는 다양한 표현들을 제시했습니다. 살아 있는 표현들이므로 실생활에 유용하게 사용할 수 있습니다.

제시된 기능 표현들에 다양한 상황을 대치하는 응용 연습입니다. 상황에 맞는 다양한 표현을 사용하여 대화를 구성하는 능력을 길러 줍니다.

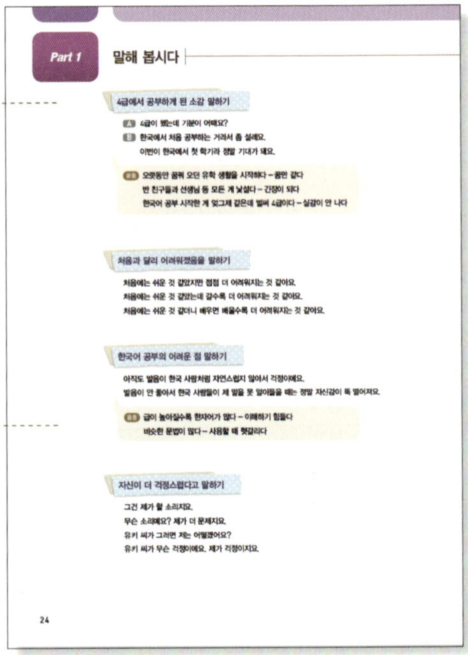
Part 1 말해 봅시다

4급에서 공부하게 된 소감 말하기

A 4급이 됐는데 기분이 어때요?
B 한국에서 처음 공부하는 거라서 좀 설레요.
이번이 한국에서 첫 학기라 정말 기대가 돼요.

응용 오랫동안 꿈꿔 오던 유학 생활을 시작하다 – 꿈만 같다
반 친구들과 선생님 등 모든 게 낯설다 – 긴장이 되다
한국어 공부 시작한 게 엊그제 같은데 벌써 4급이다 – 실감이 안 나다

처음과 달리 어려워졌음을 말하기

처음에는 쉬운 것 같았지만 점점 더 어려워지는 것 같아요.
처음에는 쉬운 것 같았는데 갈수록 더 어려워지는 것 같아요.
처음에는 쉬운 것 같더니 배우면 배울수록 더 어려워지는 것 같아요.

한국어 공부의 어려운 점 말하기

아직도 발음이 한국 사람처럼 자연스럽지 않아서 걱정이에요.
발음이 안 좋아서 한국 사람들이 제 말을 못 알아들을 때는 정말 자신감이 뚝 떨어져요.

응용 급이 높아질수록 한자어가 많다 – 이해하기 힘들다
비슷한 문법이 많다 – 사용할 때 헷갈리다

자신이 더 걱정스럽다고 말하기

그건 제가 할 소리지요.
무슨 소리예요? 제가 더 문제지요.
유키 씨가 그러면 저는 어떻겠어요?
유키 씨가 무슨 걱정이에요. 제가 걱정이지요.

24

모범 대화문입니다.

학습자가 자신의 상황에 맞게 말해 볼 수 있도록 확장 연습을 제시했습니다.

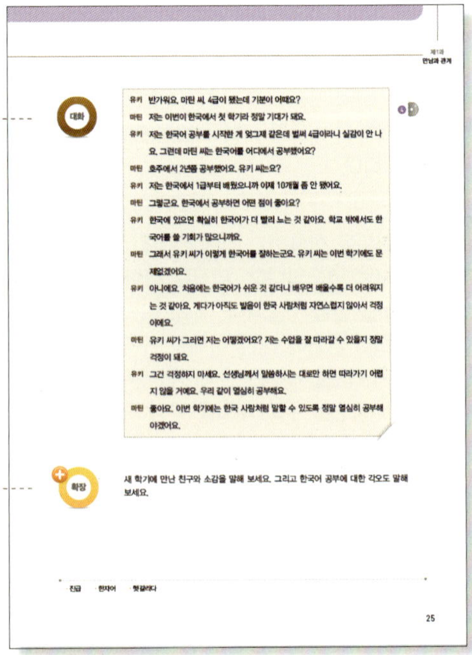
제1과 만남과 관계

대화

유키 반가워요. 마틴 씨. 4급이 됐는데 기분이 어때요?
마틴 저는 이번이 한국에서 첫 학기라 정말 기대가 돼요.
유키 저는 한국어 공부를 시작한 게 엊그제 같은데 벌써 4급이라니 실감이 안 나요. 그런데 마틴 씨는 한국어를 어디에서 공부했어요?
마틴 호주에서 2년쯤 공부했어요. 유키 씨는요?
유키 저는 한국에서 1급부터 배웠으니까 이제 10개월 좀 안 됐어요.
마틴 그렇군요. 한국에서 공부하면 어떤 점이 좋아요?
유키 한국에 있으면 확실히 한국어가 더 빨리 느는 것 같아요. 학교 밖에서도 한국어를 쓸 기회가 많으니까요.
마틴 그래서 유키 씨가 이렇게 한국어를 잘하는군요. 유키 씨는 이번 학기에도 문제없겠어요.
유키 아니에요. 처음에는 한국어가 쉬운 것 같더니 배우면 배울수록 더 어려워지는 것 같아요. 게다가 아직도 발음이 한국 사람처럼 자연스럽지 않아서 걱정이에요.
마틴 유키 씨가 그러면 저는 어떻겠어요? 저는 수업을 잘 따라갈 수 있을지 정말 걱정이 돼요.
유키 그건 걱정하지 마세요. 선생님께서 말씀하시는 대로만 하면 따라가기 어렵지 않을 거예요. 우리 같이 열심히 공부해요.
마틴 좋아요. 이번 학기에는 한국 사람처럼 말할 수 있도록 정말 열심히 공부해야겠어요.

확장 새 학기에 만난 친구와 소감을 말해 보세요. 그리고 한국어 공부에 대한 각오도 말해 보세요.

진급 한자어 헷갈리다

25

Part2

토의해 봅시다와 들어 봅시다로 구성되어 있습니다. 토의해 봅시다에서는 각 단원의 주제와 관련된 토의 과제에 대해 서로의 의견을 나누어 봅니다. 들어 봅시다에서는 인터뷰나 캠페인, 뉴스, 대담 등 토의 내용과 관련된 다양한 유형의 듣기 과제를 연습해 봅니다.

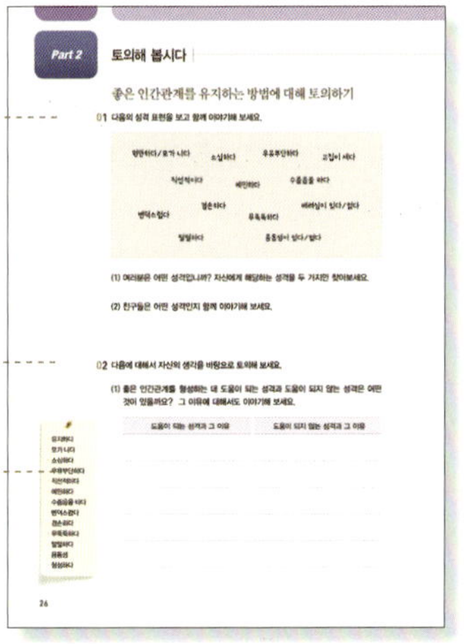
Part 2 토의해 봅시다

좋은 인간관계를 유지하는 방법에 대해 토의하기

토의 전 단계에서 활용하는 활동입니다. 토의 주제와 관련된 그림, 사진, 신문 기사, 관련 어휘 등 다양한 자료를 제시했습니다. 이를 통해 학습자는 토의 주제에 대해 흥미를 가지고 좀 더 쉽게 접근할 수 있습니다.

본격적으로 토의 활동을 합니다.

토의 과제에 대해 의견을 나누어 보면서 자신의 입장을 정합니다. 구체적인 문제 상황이 필요한 경우에는 사례를 제시했습니다.

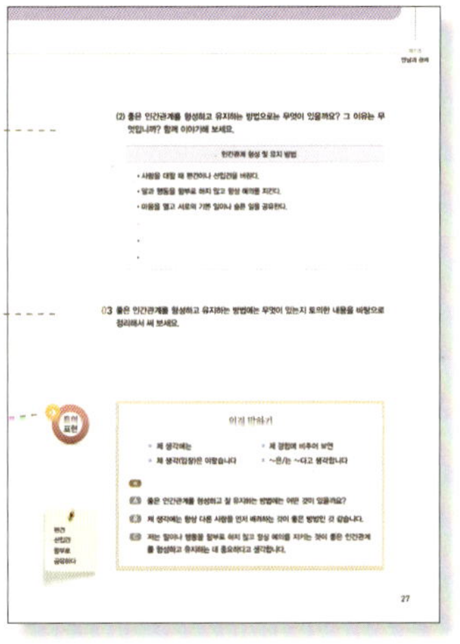

토의 과제에 대해 함께 의견을 모아서 해결 방법이나 개선 방안 등을 찾아봅니다.

토의한 내용을 정리하여 글로 써 봅니다.

토의 활동 시 활용할 수 있는 표현입니다. 토의 과제에 맞는 예문을 제시하여 실제 토의에서 활용할 수 있도록 했습니다.

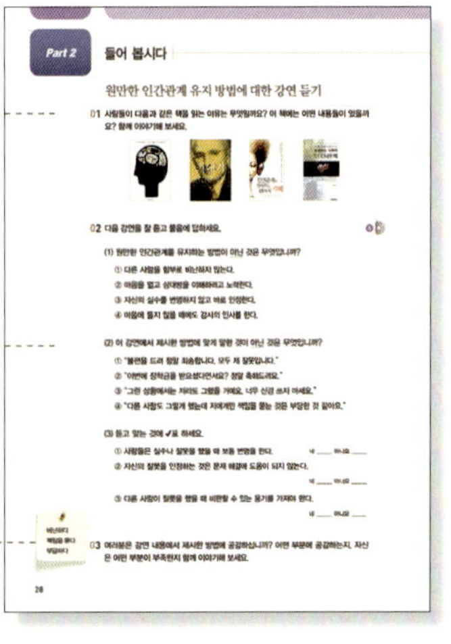
Part 2 들어 봅시다

원만한 인간관계 유지 방법에 대한 강연 듣기

듣기 전 단계에서 활용하는 상황 그림이나 사진 또는 주제와 관련된 질문입니다. 들을 내용을 예측하고 어휘나 표현을 확인하는 데 도움이 됩니다.

듣기 단계에서 활용할 이해 확인 문제입니다. 무엇에 중점을 두고 들어야 하는지를 안내해 줍니다.

들은 후 단계에서 활용할 주제 관련 내용에 대한 질문입니다. 들은 내용과 관련된 주제에 대해 자신의 경험이나 생각을 표현해 보는 활동입니다.

Part3

읽어 봅시다와 써 봅시다, 관용 표현으로 구성되어 있습니다.

읽기 전 단계에서 활용하는 활동입니다. 주제나 글의 장르, 내용과 관련된 정보를 얻고 어휘나 표현을 확인하는 데 도움이 됩니다.

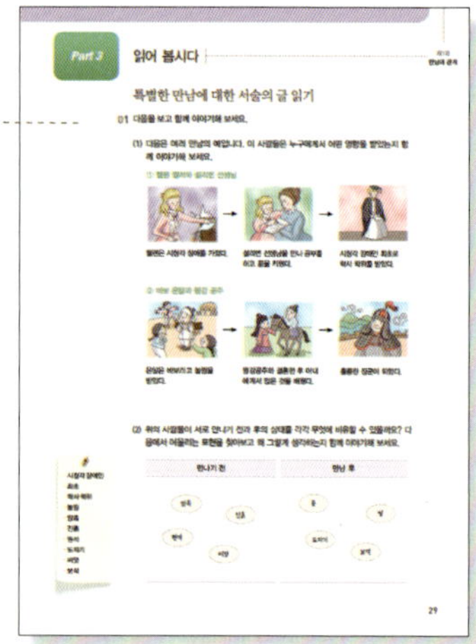

다양한 유형의 글을 읽기 자료로 제시했습니다.

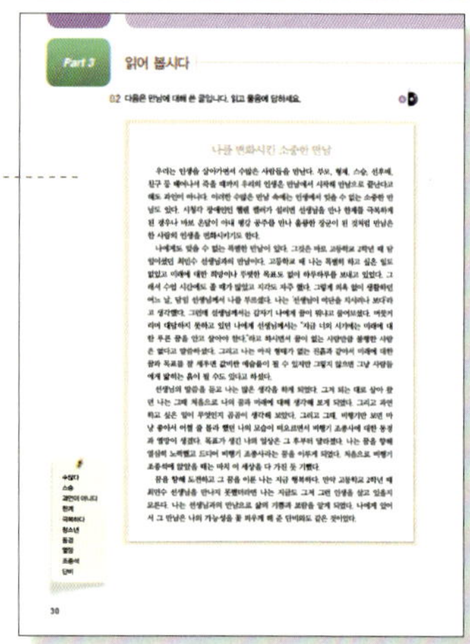

읽기 단계에서 활용할 이해 확인 문제입니다.

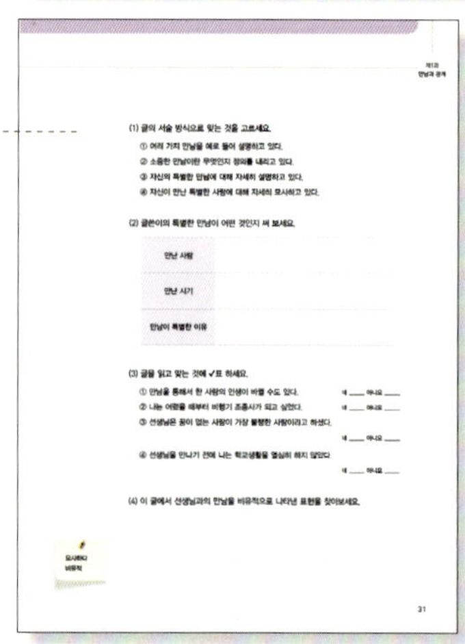

쓰기 전 단계에서 활용하는 활동입니다. 글을 쓰기 전에 쓸 내용에 대해 말하면서 쓸 내용을 미리 계획합니다.

개요를 작성해 보고 작성한 개요를 바탕으로 읽은 글과 유사한 종류의 글을 써 보는 연습입니다.

유형에 따른 글 쓰기 방법과 주의 사항을 제시하여 학습자들이 유형에 맞는 글을 쓰는 데 도움이 되도록 했습니다.

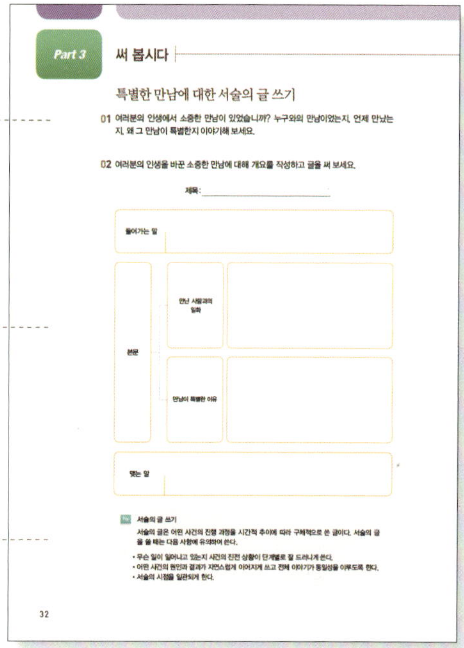

단원 주제와 관련된 관용 표현입니다. 표현력을 늘릴 수 있고 언어 속에서 문화적인 요소도 배울 수 있습니다.

학습한 관용 표현의 이해 확인 연습입니다. 통제된 상황에서 관용 표현을 정확하게 사용해 보는 연습니다.

학습한 관용 표현을 다양한 상황 속에서 자유롭게 말해 보는 연습입니다.

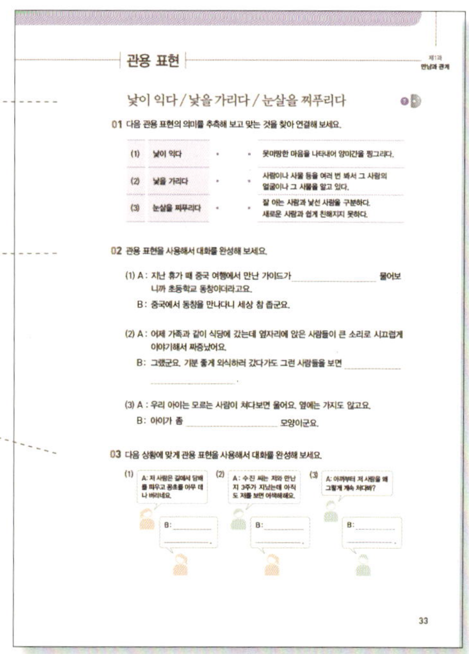

Culture & Literature

문화와 생활과 문학 기행으로 구성되어 있습니다.

한국 문화를 통해 한국인과 한국에 대해 알아보는 부분입니다. 단원 주제와 연관된 문화를 소개했습니다.

사진과 그림 자료를 제시하여 학습자가 흥미를 가질 수 있도록 했습니다.

한국의 다양한 문화를 소개했습니다.

한국 문화에 대한 이해를 확인하는 질문과 문화 상호주의적인 관점에서 자기 나라의 문화와 비교하여 생각해 보는 활동을 제시했습니다.

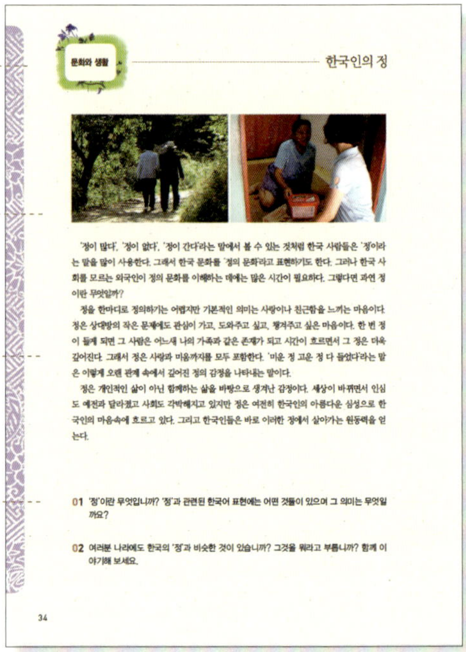

문화와 생활 — 한국인의 정

'정이 많다', '정이 없다', '정이 간다'라는 말에서 볼 수 있는 것처럼 한국 사람들은 '정'이라는 말을 많이 사용한다. 그래서 한국 문화를 '정의 문화'라고 표현하기도 한다. 그러나 한국 사회를 모르는 외국인이 정의 문화를 이해하는 데에는 많은 시간이 필요하다. 그렇다면 과연 정이란 무엇일까?

정을 한마디로 정의하기는 어렵지만 기본적인 의미는 사랑이나 친근함을 느끼는 마음이다. 정은 상대방의 작은 문제에도 관심이 가고, 도와주고 싶고, 챙겨주고 싶은 마음이다. 한 번 정이 들게 되면 그 사람은 어느새 나의 가족과 같은 존재가 되고 시간이 흐르면서 그 정은 더욱 깊어진다. 그래서 정은 사랑과 미움까지를 모두 포함한다. '미운 정 고운 정 다 들었다'라는 말은 이렇게 오랜 관계 속에서 깊어진 정의 감정을 나타내는 말이다.

정은 개인적인 삶이 아닌 함께하는 삶을 바탕으로 생겨난 감정이다. 세상이 바뀌면서 인심도 예전과 달라졌고 사회도 각박해지고 있지만 정은 여전히 한국인의 아름다운 심성으로 한국인의 마음속에 흐르고 있다. 그리고 한국인들은 바로 이러한 정에서 살아가는 원동력을 얻는다.

01 '정'이란 무엇입니까? '정'과 관련된 한국어 표현에는 어떤 것들이 있으며 그 의미는 무엇일까요?

02 여러분 나라에도 한국의 '정'과 비슷한 것이 있습니까? 그것을 뭐라고 부릅니까? 함께 이야기해 보세요.

34

한국 문학을 접해 보고 감상해 보는 부분입니다. 단원 주제와 연관된 문학 작품 중에서 중급 학습자가 이해할 수 있는 수준의 작품을 수록했습니다.

문학 작품을 감상하기 전에 내용과 관련된 질문에 답하면서 흥미를 갖도록 한 부분입니다.

문학 작품을 제시했습니다. 문학 작품의 전문 또는 일부를 수록했습니다.

작품의 내용 이해를 확인하는 활동입니다. 무엇에 중점을 두고 감상해야 하는지를 안내해 줍니다.

문학 작품을 감상한 후 자신의 느낌이나 생각을 함께 이야기해 보는 활동입니다.

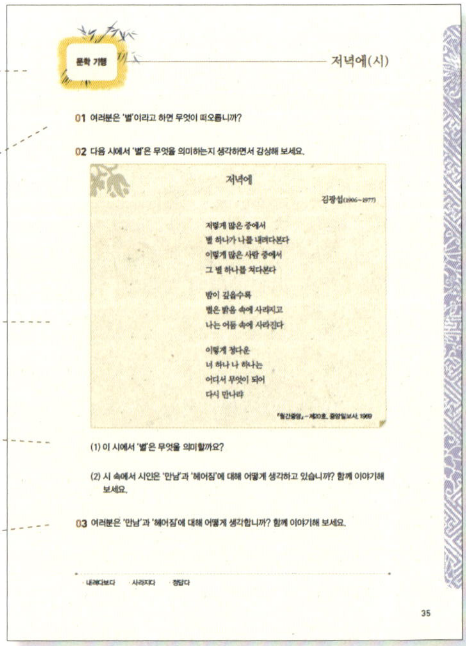

문학 기행 — 저녁에(시)

01 여러분은 '별'이라고 하면 무엇이 떠오릅니까?

02 다음 시에서 '별'은 무엇을 의미하는지 생각하면서 감상해 보세요.

저녁에

김광섭(1906~1977)

저렇게 많은 중에서
별 하나가 나를 내려다본다
이렇게 많은 사람 중에서
그 별 하나를 쳐다본다

밤이 깊을수록
별은 밝음 속에 사라지고
나는 어둠 속에 사라진다

이렇게 정다운
너 하나 나 하나는
어디서 무엇이 되어
다시 만나랴

『월간중앙』 – 제20호, 중앙일보사, 1969

(1) 이 시에서 '별'은 무엇을 의미할까요?

(2) 시 속에서 시인은 '만남'과 '헤어짐'에 대해 어떻게 생각하고 있습니까? 함께 이야기해 보세요.

03 여러분은 '만남'과 '헤어짐'에 대해 어떻게 생각합니까? 함께 이야기해 보세요.

내려다보다 사라지다 정답다

35

주요 인물

Main Characters

ELC = Ewha Language Center

사라 미국인
ELC 학생

왕단 중국인
ELC 학생, 대학원생

유키 일본인
ELC 학생

히로 일본인
ELC 학생, 대학원생

깨우 태국인
ELC 학생,
대학원 입학 예정

마틴 호주인
ELC 학생

김정우 한국인
회사원(이화무역)

김수진 한국인
대학생

정유나 한국인
대학원생

제1과

만남과 관계

제1과 만남과 관계

Part 1

준비합시다 — **1** -더니　**2** -(으)ㄴ/는 대로　**3** -(으)ㄴ/는/(으)ㄹ 듯(이)

말해 봅시다 — 새 학기를 시작하는 소감과 각오 말하기

Part 2

토의해 봅시다 — 좋은 인간관계를 유지하는 방법에 대해 토의하기

들어 봅시다 — 원만한 인간관계 유지 방법에 대한 강연 듣기

Part 3

읽어 봅시다 — 특별한 만남에 대한 서술의 글 읽기

써 봅시다 — 특별한 만남에 대한 서술의 글 쓰기

관용 표현 — 낯이 익다 / 낯을 가리다 / 눈살을 찌푸리다

CULTURE & LITERATURE

문화와 생활 — 한국인의 정

문학 기행 — 「저녁에」(시)

Part 1

준비합시다

01 -더니

1

친구가 그동안 계속 신나게 놀았는데 이제는 공부만 합니다. 전에 알던 사실과는 다른 새로운 사실을 말할 때 어떻게 말할까요?

A 마틴 씨는 요즘도 매일 친구들과 어울려요?

B 아니요. 한동안 신나게 놀더니 며칠 전부터 공부만 해요.

문법

'A/V+더니'는 전에 경험하여 알게 된 사실이나 상황과는 다른 새로운 사실이나 상황이 있음을 나타낸다. 주로 앞의 내용과 대조적인 사실이 뒤에 온다.

예 주말에는 사람이 많더니 오늘은 한산하다. 아침에는 비가 오더니 지금은 눈이 온다.

Tip 'A/V+더니'는 전에 알게 된 사실이나 상황이 뒤 문장의 결과를 낳는 원인이 됨을 나타내기도 한다.
예 동생이 점심을 많이 먹더니 배탈이 났다.

연습

다음 사람에게 전과는 다른 상황이 생겼음을 '-더니'를 사용해서 말해 보세요.

		이전 상황	현재 상황
보기	히로	발표 준비 때문에 바빴다	발표가 끝나서 한가하다
①	왕단	중국 음식만 먹었다	한식을 더 좋아하다
②	깨우	날마다 수영장에 갔다	시간이 없어서 운동을 전혀 못 하다
③	유키	수업 후에 아르바이트를 했다	힘들어서 그만두었다
④	사라	댄스 동아리 활동에 열심히 참여했다	춤에 대한 열정이 식어서 자주 빠지다

A 히로 씨는 요즘도 발표 준비 때문에 바빠요?

B 아니요. 지난주까지 발표 준비 때문에 바쁘더니 이제 발표가 끝나서 한가하대요.

· 한산하다
· 식다

02 -(으)ㄴ/는 대로

댄스 동호회에 가입했는데 춤을 못 춰서 걱정입니다. 잘 모르면 다른 사람을 따라 하면 된다는 것을 어떻게 말할까요?

A 댄스 동호회에 가입은 했는데 춤을 전혀 못 춰서 걱정이에요.

B 걱정하지 마세요. 다른 사람이 하는 대로 따라 하면 돼요.

문법

'A/V+(으)ㄴ/는 대로'는 '앞에 나온 동작이나 상태와 같은 모양으로'의 뜻을 나타낸다. 명사 뒤에서는 'N+대로'의 형태로 쓰인다.

예 내일 비가 와도 계획한 대로 행사를 진행할 거래요.
여러 사람과 함께 일할 때는 자기 마음대로 하려고 하면 안 돼요.

연습

다음은 모임 안내 메일입니다. 적절한 단어를 골라 '-(으)ㄴ/는 대로'를 사용해서 글을 완성해 보세요.

이야기하다 결정하다 쓰다 내다 나와 있다

마틴 씨, 안녕하세요. 잘 지냈어요?
제가 모임 안내 연락을 회원 모두에게 해야 해서 메일 보내요. 이번 정기 모임은 제가 지난번에 ___이야기한 대로___ 마지막 주 금요일 6시예요. 모임 장소는 동호회 사이트 지도에 ________ 찾아오면 돼요. 회비는 지금까지 ________ 똑같이 2만 원이에요. 그리고 모임 진행은 이전 모임에서 함께 ________ 마틴 씨가 해 주세요.
아, 그리고 제가 올가 씨 연락처를 몰라서 그러니까 제가 지금 메일에 ________ 올가 씨에게 좀 전해 주세요. 부탁할게요.

–사라

· 사이트
· 진행하다

03 -(으)ㄴ/는/(으)ㄹ 듯(이)

3

회사 동료가 무슨 일이 생긴 것처럼 급히 나갔습니다. 어떤 상황을 보고 추측해서 말할 때 어떻게 말할까요?

A 정우 씨는 어디 갔어요?

B 몰라요. 아까 무슨 일이 생긴 듯이 급하게 나가던데요.

문법

'A/V+(으)ㄴ/는/(으)ㄹ 듯'은 어떤 상황이 앞 상황과 비슷한 상황이라고 추측함을 나타낸다.

예 깨우 씨가 기분이 나쁜 듯이 얼굴을 찡그리고 있다.
요코 씨가 한국에 대해 잘 아는 듯 말한다.
비가 올 듯이 갑자기 하늘이 캄캄해졌다.

연습

다음 상황을 보고 '-(으)ㄴ/는/(으)ㄹ 듯(이)'을 사용해서 추측해 보세요.

	사람	상황		추측
보기	사라	눈을 감고 소파에 누워 있다	• —— •	잠을 자다
①	유키	자꾸 기침을 하다	• •	외출하다
②	수진	문을 쾅 닫고 방에 들어갔다	• •	화가 나다
③	정우	콧노래를 부르면서 샤워를 하다	• •	기분이 좋다
④	왕단	옷을 차려입고 화장을 하고 있다	• •	감기에 걸리다

· 차려입다

사라 씨가 잠을 자는 듯이 눈을 감고 소파에 누워 있어요.

말해 봅시다

새 학기를 시작하는 소감과 각오 말하기

유키 ELC에서 3급까지 공부하고 4급에 진급했습니다. 같은 반이 된 새로운 친구와 인사하고 새 학기를 시작하는 소감을 말하세요. 그리고 한국어 공부에 대해 걱정하는 친구에게 조언을 해 주세요.

마틴 호주에서 한국어를 2년 동안 공부하고 이번에 처음 한국에서 공부하게 됐습니다. 새 학기를 시작하는 소감과 걱정, 각오를 말해 보세요.

Try it! 다음 대화 틀을 따라 대화를 구성해 보세요.

	유키	마틴
1	새 학기를 시작하는 소감 묻기	**4급에서 공부하게 된 소감 말하기**
2	자신의 소감도 말하고 한국어를 어디에서 공부했는지 묻기	대답하고 친구에게도 묻기
3	대답하기	한국에서 공부하면 좋은 점 묻기
4	한국에서 공부하면 좋은 점 말하기	친구의 한국어 실력 칭찬하기
5	**처음과 달리 어려워졌음을 말하고 한국어 공부의 어려운 점 말하기**	**자신이 더 걱정스럽다고 말하고 걱정되는 점 말하기**
6	조언하기	각오 말하기

Part 1 말해 봅시다

4급에서 공부하게 된 소감 말하기

A 4급이 됐는데 기분이 어때요?

B 한국에서 처음 공부하는 거라서 좀 설레요.
이번이 한국에서 첫 학기라 정말 기대가 돼요.

응용 오랫동안 꿈꿔 오던 유학 생활을 시작하다 – 꿈만 같다
반 친구들과 선생님 등 모든 게 낯설다 – 긴장이 되다
한국어 공부 시작한 게 엊그제 같은데 벌써 4급이다 – 실감이 안 나다

처음과 달리 어려워졌음을 말하기

처음에는 쉬운 것 같더니만 점점 더 어려워지는 것 같아요.
처음에는 쉬운 것 같았는데 갈수록 더 어려워지는 것 같아요.
처음에는 쉬운 것 같더니 배우면 배울수록 더 어려워지는 것 같아요.

한국어 공부의 어려운 점 말하기

아직도 발음이 한국 사람처럼 자연스럽지 않아서 걱정이에요.
발음이 안 좋아서 한국 사람들이 제 말을 못 알아들을 때는 정말 자신감이 뚝 떨어져요.

응용 비슷한 문법이 많다 – 사용할 때 헷갈리다
급이 높아질수록 한자어가 많다 – 이해하기 힘들다

자신이 더 걱정스럽다고 말하기

그건 제가 할 소리지요.
무슨 소리예요? 제가 더 문제지요.
유키 씨가 그러면 저는 어떻겠어요?
유키 씨가 무슨 걱정이에요. 제가 걱정이지요.

대화

4

유키 반가워요, 마틴 씨. 4급이 됐는데 기분이 어때요?

마틴 저는 이번이 한국에서 첫 학기라 정말 기대가 돼요.

유키 저는 한국어 공부를 시작한 게 엊그제 같은데 벌써 4급이라니 실감이 안 나요. 그런데 마틴 씨는 한국어를 어디에서 공부했어요?

마틴 호주에서 2년쯤 공부했어요. 유키 씨는요?

유키 저는 한국에서 1급부터 배웠으니까 이제 10개월 좀 안 됐어요.

마틴 그렇군요. 한국에서 공부하면 어떤 점이 좋아요?

유키 한국에 있으면 확실히 한국어가 더 빨리 느는 것 같아요. 학교 밖에서도 한국어를 쓸 기회가 많으니까요.

마틴 그래서 유키 씨가 이렇게 한국어를 잘하는군요. 유키 씨는 이번 학기에도 문제없겠어요.

유키 아니에요. 처음에는 한국어가 쉬운 것 같더니 배우면 배울수록 더 어려워지는 것 같아요. 게다가 아직도 발음이 한국 사람처럼 자연스럽지 않아서 걱정이에요.

마틴 유키 씨가 그러면 저는 어떻겠어요? 저는 수업을 잘 따라갈 수 있을지 정말 걱정이 돼요.

유키 그건 걱정하지 마세요. 선생님께서 말씀하시는 대로만 하면 따라가기 어렵지 않을 거예요. 우리 같이 열심히 공부해요.

마틴 좋아요. 이번 학기에는 한국 사람처럼 말할 수 있도록 정말 열심히 공부해야겠어요.

확장

새 학기에 만난 친구와 소감을 말해 보세요. 그리고 한국어 공부에 대한 각오도 말해 보세요.

· 진급 · 한자어 · 헷갈리다

Part 2 토의해 봅시다

좋은 인간관계를 유지하는 방법에 대해 토의하기

01 다음의 성격 표현을 보고 함께 이야기해 보세요.

원만하다/모가 나다　소심하다　우유부단하다　고집이 세다
직선적이다　예민하다　수줍음을 타다
겸손하다　배려심이 있다/없다
변덕스럽다　무뚝뚝하다
털털하다　융통성이 있다/없다

(1) 여러분은 어떤 성격입니까? 자신에게 해당하는 성격을 두 가지만 찾아보세요.

(2) 친구들은 어떤 성격인지 함께 이야기해 보세요.

02 다음에 대해서 자신의 생각을 바탕으로 토의해 보세요.

(1) 좋은 인간관계를 형성하는 데 도움이 되는 성격과 도움이 되지 않는 성격은 어떤 것이 있을까요? 그 이유에 대해서도 이야기해 보세요.

도움이 되는 성격과 그 이유	도움이 되지 않는 성격과 그 이유

· 유지하다
· 모가 나다
· 소심하다
· 우유부단하다
· 직선적이다
· 예민하다
· 수줍음을 타다
· 변덕스럽다
· 겸손하다
· 무뚝뚝하다
· 털털하다
· 융통성
· 형성하다

(2) 좋은 인간관계를 형성하고 유지하는 방법으로는 무엇이 있을까요? 그 이유는 무엇입니까? 함께 이야기해 보세요.

인간관계 형성 및 유지 방법
• 사람을 대할 때 편견이나 선입견을 버린다. • 말과 행동을 함부로 하지 않고 항상 예의를 지킨다. • 마음을 열고 서로의 기쁜 일이나 슬픈 일을 공유한다. • • •

03 좋은 인간관계를 형성하고 유지하는 방법에는 무엇이 있는지 토의한 내용을 바탕으로 정리해서 써 보세요.

토의 표현

의견 말하기

- 제 생각에는
- 제 경험에 비추어 보면
- 제 생각(입장)은 이렇습니다
- ~은/는 ~다고 생각합니다

예

A 좋은 인간관계를 형성하고 잘 유지하는 방법에는 어떤 것이 있을까요?

B 제 생각에는 항상 다른 사람을 먼저 배려하는 것이 좋은 방법인 것 같습니다.

C 저는 말이나 행동을 함부로 하지 않고 항상 예의를 지키는 것이 좋은 인간관계를 형성하고 유지하는 데 중요하다고 생각합니다.

- 편견
- 선입견
- 함부로
- 공유하다

Part 2 들어 봅시다

원만한 인간관계 유지 방법에 대한 강연 듣기

01 사람들이 다음과 같은 책을 읽는 이유는 무엇일까요? 이 책에는 어떤 내용들이 있을까요? 함께 이야기해 보세요.

02 다음 강연을 잘 듣고 물음에 답하세요. 5

(1) 원만한 인간관계를 유지하는 방법이 <u>아닌</u> 것은 무엇입니까?

① 다른 사람을 함부로 비난하지 않는다.
② 마음을 열고 상대방을 이해하려고 노력한다.
③ 자신의 실수를 변명하지 않고 바로 인정한다.
④ 마음에 들지 않을 때에도 감사의 인사를 한다.

(2) 이 강연에서 제시한 방법에 맞게 말한 것이 <u>아닌</u> 것은 무엇입니까?

① "불편을 드려 정말 죄송합니다. 모두 제 잘못입니다."
② "이번에 장학금을 받으셨다면서요? 정말 축하드려요."
③ "그런 상황에서는 저라도 그랬을 거예요. 너무 신경 쓰지 마세요."
④ "다른 사람도 그렇게 했는데 저에게만 책임을 묻는 것은 부당한 것 같아요."

(3) 듣고 맞는 것에 ✓표 하세요.

① 사람들은 실수나 잘못을 했을 때 보통 변명을 한다. 네 ____ 아니요 ____
② 자신의 잘못을 인정하는 것은 문제 해결에 도움이 되지 않는다. 네 ____ 아니요 ____
③ 다른 사람이 잘못을 했을 때 비판할 수 있는 용기를 가져야 한다. 네 ____ 아니요 ____

· 비난하다
· 책임을 묻다
· 부당하다

03 여러분은 강연 내용에서 제시한 방법에 공감하십니까? 어떤 부분에 공감하는지, 자신은 어떤 부분이 부족한지 함께 이야기해 보세요.

Part 3 읽어 봅시다

특별한 만남에 대한 서술의 글 읽기

01 다음을 보고 함께 이야기해 보세요.

(1) 다음은 여러 만남의 예입니다. 이 사람들은 누구에게서 어떤 영향을 받았는지 함께 이야기해 보세요.

① 헬렌 켈러와 설리번 선생님

헬렌은 시청각 장애를 가졌다.

→

설리번 선생님을 만나 공부를 하고 꿈을 키웠다.

→

시청각 장애인 최초로 학사 학위를 받았다.

② 바보 온달과 평강 공주

온달은 바보라고 놀림을 받았다.

→

평강 공주와 결혼한 후 아내에게서 많은 것을 배웠다.

→

훌륭한 장군이 되었다.

(2) 위의 사람들이 서로 만나기 전과 후의 상태를 각각 무엇에 비유할 수 있을까요? 다음에서 어울리는 표현을 찾아보고 왜 그렇게 생각하는지 함께 이야기해 보세요.

만나기 전	만난 후
암흑, 진흙, 원석, 씨앗	꽃, 빛, 도자기, 보석

- 시청각 장애인
- 최초
- 학사 학위
- 놀림
- 암흑
- 진흙
- 원석
- 도자기
- 씨앗
- 보석

Part 3

읽어 봅시다

02 다음은 만남에 대해 쓴 글입니다. 읽고 물음에 답하세요. 6

나를 변화시킨 소중한 만남

우리는 인생을 살아가면서 수많은 사람들을 만난다. 부모, 형제, 스승, 선후배, 친구 등 태어나서 죽을 때까지 우리의 인생은 만남에서 시작해 만남으로 끝난다고 해도 과언이 아니다. 이러한 수많은 만남 속에는 인생에서 잊을 수 없는 소중한 만남도 있다. 시청각 장애인인 헬렌 켈러가 설리번 선생님을 만나 한계를 극복하게 된 경우나 바보 온달이 아내 평강 공주를 만나 훌륭한 장군이 된 것처럼 만남은 한 사람의 인생을 변화시키기도 한다.

나에게도 잊을 수 없는 특별한 만남이 있다. 그것은 바로 고등학교 2학년 때 담임이셨던 최민수 선생님과의 만남이다. 고등학교 때 나는 특별히 하고 싶은 일도 없었고 미래에 대한 희망이나 뚜렷한 목표도 없이 하루하루를 보내고 있었다. 그래서 수업 시간에도 졸 때가 많았고 지각도 자주 했다. 그렇게 의욕 없이 생활하던 어느 날, 담임 선생님께서 나를 부르셨다. 나는 '선생님이 야단을 치시려나 보다'라고 생각했다. 그런데 선생님께서는 갑자기 나에게 꿈이 뭐냐고 물어보셨다. 머뭇거리며 대답하지 못하고 있던 나에게 선생님께서는 "지금 너의 시기에는 미래에 대한 푸른 꿈을 안고 살아야 한다."라고 하시면서 꿈이 없는 사람만큼 불행한 사람은 없다고 말씀하셨다. 그리고 나는 아직 형태가 없는 진흙과 같아서 미래에 대한 꿈과 목표를 잘 세우면 값비싼 예술품이 될 수 있지만 그렇지 않으면 그냥 사람들에게 밟히는 흙이 될 수도 있다고 하셨다.

선생님의 말씀을 듣고 나는 많은 생각을 하게 되었다. 그저 되는 대로 살아 왔던 나는 그때 처음으로 나의 꿈과 미래에 대해 생각해 보게 되었다. 그리고 과연 하고 싶은 일이 무엇인지 곰곰이 생각해 보았다. 그리고 그때, 비행기만 보면 마냥 좋아서 어쩔 줄 몰라 했던 나의 모습이 떠오르면서 비행기 조종사에 대한 동경과 열망이 생겼다. 목표가 생긴 나의 일상은 그 후부터 달라졌다. 나는 꿈을 향해 열심히 노력했고 드디어 비행기 조종사라는 꿈을 이루게 되었다. 처음으로 비행기 조종석에 앉았을 때는 마치 이 세상을 다 가진 듯 기뻤다.

꿈을 향해 도전하고 그 꿈을 이룬 나는 지금 행복하다. 만약 고등학교 2학년 때 최민수 선생님을 만나지 못했더라면 나는 지금도 그저 그런 인생을 살고 있을지 모른다. 나는 선생님과의 만남으로 삶의 기쁨과 보람을 알게 되었다. 나에게 있어서 그 만남은 나의 가능성을 꽃 피우게 해 준 단비와도 같은 것이었다.

- 수많다
- 스승
- 과언이 아니다
- 한계
- 극복하다
- 청소년
- 동경
- 열망
- 조종석
- 단비

(1) 글의 서술 방식으로 맞는 것을 고르세요.

① 여러 가지 만남을 예로 들어 설명하고 있다.
② 소중한 만남이란 무엇인지 정의를 내리고 있다.
③ 자신의 특별한 만남에 대해 자세히 설명하고 있다.
④ 자신이 만난 특별한 사람에 대해 자세히 묘사하고 있다.

(2) 글쓴이의 특별한 만남이 어떤 것인지 써 보세요.

만난 사람	
만난 시기	
만남이 특별한 이유	

(3) 글을 읽고 맞는 것에 ✔표 하세요.

① 만남을 통해서 한 사람의 인생이 바뀔 수도 있다. 네 _____ 아니요 _____
② 나는 어렸을 때부터 비행기 조종사가 되고 싶었다. 네 _____ 아니요 _____
③ 선생님은 꿈이 없는 사람이 가장 불행한 사람이라고 하셨다.
네 _____ 아니요 _____
④ 선생님을 만나기 전에 나는 학교생활을 열심히 하지 않았다.
네 _____ 아니요 _____

(4) 이 글에서 선생님과의 만남을 비유적으로 나타낸 표현을 찾아보세요.

· 묘사하다
· 비유적

Part 3 써 봅시다

특별한 만남에 대한 서술의 글 쓰기

01 여러분의 인생에서 특별하거나 소중한 만남이 있었습니까? 누구와의 만남이었는지, 언제 만났는지, 왜 그 만남이 특별한지 이야기해 보세요.

02 특별한 만남에 대해 서술하는 글의 개요를 작성하고 글을 써 보세요.

제목: ____________________

들어가는 말		
본문	만난 사람과의 일화	
	만남이 특별한 이유	
맺는 말		

Tip 서술의 글 쓰기

서술의 글은 어떤 사건의 진행 과정을 시간적 추이에 따라 구체적으로 쓴 글이다. 서술의 글을 쓸 때는 다음 사항에 유의하여 쓴다.

- 무슨 일이 일어나고 있는지 사건의 진전 상황이 단계별로 잘 드러나게 쓴다.
- 어떤 사건의 원인과 결과가 자연스럽게 이어지게 쓰고 전체 이야기가 통일성을 이루도록 한다.
- 서술의 시점을 일관되게 한다.

관용 표현

낯이 익다 / 낯을 가리다 / 눈살을 찌푸리다

7

01 다음 관용 표현의 의미를 추측해 보고 맞는 것을 찾아 연결해 보세요.

(1)	낯이 익다	•	• 못마땅한 마음을 나타내어 양미간을 찡그리다.
(2)	낯을 가리다	•	• 사람이나 사물 등을 여러 번 봐서 그 사람의 얼굴이나 그 사물을 알고 있다.
(3)	눈살을 찌푸리다	•	• 잘 아는 사람과 낯선 사람을 구분하다. 새로운 사람과 쉽게 친해지지 못하다.

02 관용 표현을 사용해서 대화를 완성해 보세요.

(1) A : 지난 휴가 때 중국 여행에서 만난 가이드가 ____________ 물어보니까 초등학교 동창이더라고요.
B : 중국에서 동창을 만나다니 세상 참 좁군요.

(2) A : 어제 가족과 같이 식당에 갔는데 옆자리에 앉은 사람들이 큰 소리로 시끄럽게 이야기해서 짜증났어요.
B : 그랬군요. 기분 좋게 외식하러 갔다가도 그런 사람들을 보면 ____________
____________.

(3) A : 우리 아이는 모르는 사람이 쳐다보면 울어요. 옆에는 가지도 않고요.
B : 아이가 좀 ____________ 모양이군요.

03 다음 상황에 맞게 관용 표현을 사용해서 대화를 완성해 보세요.

(1)
A : 저 사람은 길에서 담배를 피우고 꽁초를 아무 데나 버리네요.
B : ____________
____________.

(2)
A : 수진 씨는 저와 만난 지 3주가 지났는데 아직도 저를 보면 어색해해요.
B : ____________
____________.

(3)
A : 아까부터 저 사람을 왜 그렇게 계속 쳐다봐?
B : ____________
____________.

한국인의 정

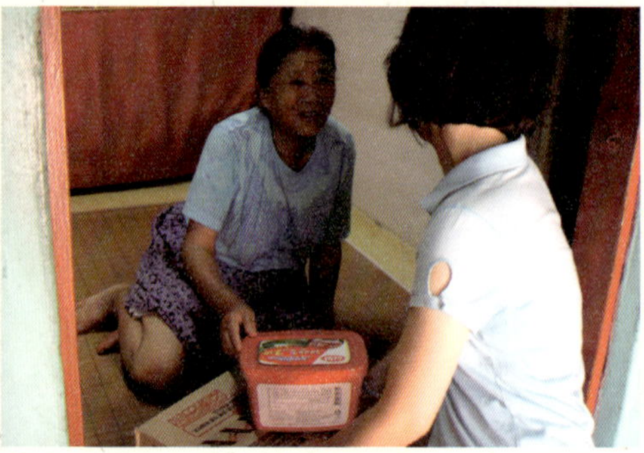

'정이 많다', '정이 없다', '정이 간다'라는 말에서 볼 수 있는 것처럼 한국 사람들은 '정'이라는 말을 많이 사용한다. 그래서 한국 문화를 '정의 문화'라고 표현하기도 한다. 그러나 한국 사회를 모르는 외국인이 정의 문화를 이해하는 데에는 많은 시간이 필요하다. 그렇다면 과연 정이란 무엇일까?

정을 한마디로 정의하기는 어렵지만 기본적인 의미는 사랑이나 친근함을 느끼는 마음이다. 정은 상대방의 작은 문제에도 관심이 가고, 도와주고 싶고, 챙겨주고 싶은 마음이다. 한 번 정이 들게 되면 그 사람은 어느새 나의 가족과 같은 존재가 되고 시간이 흐르면서 그 정은 더욱 깊어진다. 그래서 정은 사랑과 미움까지를 모두 포함한다. '미운 정 고운 정 다 들었다'라는 말은 이렇게 오랜 관계 속에서 깊어진 정의 감정을 나타내는 말이다.

정은 개인적인 삶이 아닌 함께하는 삶을 바탕으로 생겨난 감정이다. 세상이 바뀌면서 인심도 예전과 달라졌고 사회도 각박해지고 있지만 정은 여전히 한국인의 아름다운 심성으로 한국인의 마음속에 흐르고 있다. 그리고 한국인들은 바로 이러한 정에서 살아가는 원동력을 얻는다.

01 '정'이란 무엇입니까? '정'과 관련된 한국어 표현에는 어떤 것들이 있으며 그 의미는 무엇일까요?

02 여러분 나라에도 한국의 '정'과 비슷한 것이 있습니까? 그것을 뭐라고 부릅니까? 함께 이야기해 보세요.

문학 기행

저녁에(시)

01 여러분은 '별'이라고 하면 무엇이 떠오릅니까?

02 다음 시에서 '별'은 무엇을 의미하는지 생각하면서 감상해 보세요.

저녁에

김광섭(1906~1977)

저렇게 많은 중에서
별 하나가 나를 내려다본다
이렇게 많은 사람 중에서
그 별 하나를 쳐다본다

밤이 깊을수록
별은 밝음 속에 사라지고
나는 어둠 속에 사라진다

이렇게 정다운
너 하나 나 하나는
어디서 무엇이 되어
다시 만나랴

『월간중앙』 제20호, 중앙일보사, 1969

(1) 이 시에서 '별'은 무엇을 의미할까요?

(2) 시 속에서 시인은 '만남'과 '헤어짐'에 대해 어떻게 생각하고 있습니까? 함께 이야기해 보세요.

03 여러분은 '만남'과 '헤어짐'에 대해 어떻게 생각합니까? 함께 이야기해 보세요.

내려다보다 사라지다 정답다

제2과

문제와 해결

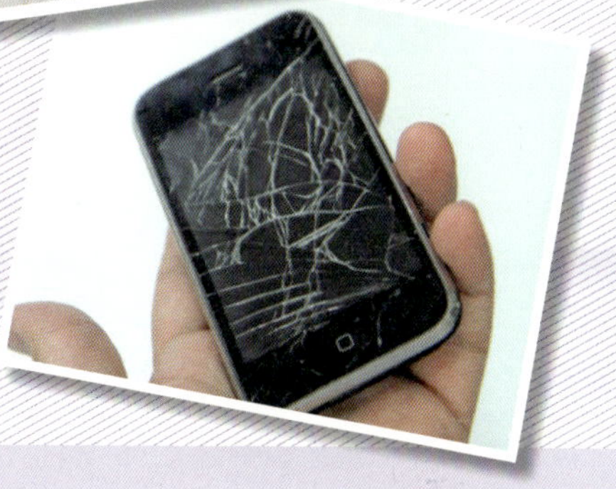

제 2 과 문제와 해결

Part 1
- 준비합시다: **1** -는 한 **2** -았/었더니 **3** -(으)며
- 말해 봅시다: 인터넷으로 구입한 물건 전화로 반품 요청하기

Part 2
- 토의해 봅시다: 공동생활의 문제를 해결하는 방법에 대해 토의하기
- 들어 봅시다: 이웃 간 소음 문제에 대한 캠페인 듣기

Part 3
- 읽어 봅시다: 생활의 불편한 점에 대한 투고의 글 읽기
- 써 봅시다: 생활의 불편한 점에 대한 투고의 글 쓰기
- 관용 표현: 골치가 아프다 / 내 코가 석 자다 / 눈앞이 캄캄하다

CULTURE & LITERATURE
- 문화와 생활: 신문고
- 문학 기행: 「왕후의 밥, 걸인의 찬」 (수필)

Part 1

준비합시다

01 -는 한

8

휴대 전화는 제품에 하자가 없으면 교환을 할 수 없습니다. 이러한 교환 조건을 어떻게 말할까요?

A 일주일 전에 휴대 전화를 구입했는데 디자인이 마음에 들지 않아요. 교환해 주실 수 있나요?

B 죄송합니다. 제품에 하자가 있지 않는 한 교환은 불가능합니다.

문법

'V+는 한'은 앞의 행위가 뒤의 행위나 상태에 대한 전제나 조건이 됨을 나타낸다.

예 영수증을 가지고 계시는 한 환불이 가능합니다.
사람들이 실천하지 않는 한 환경 문제는 쉽게 해결되지 않을 것이다.

연습

다음 문의 사항에 대해 가능한지 불가능한지 '-는 한'을 사용해서 말해 보세요.

	문의 사항	가능한 조건
보기	일주일 전에 산 청바지를 교환하고 싶다	가격표를 떼지 않아야 하다
①	식당 예약을 한 시간 전에 취소하고 싶다	하루 전에 미리 전화를 해야 하다
②	3만 원짜리 상품을 무료로 배송 받고 싶다	5만 원 이상 구입해야 하다
③	반년 된 노트북을 무상으로 수리받고 싶다	구입한 지 1년이 넘지 않아야 하다
④	여행 중 도난당한 물건에 대해 보상을 받고 싶다	여행자 보험에 가입되어 있어야 하다

A 일주일 전에 산 청바지를 교환하고 싶은데 가능한가요?

B 네. 가격표를 떼지 않는 한 교환하실 수 있습니다.

- 하자
- 환불
- 실천
- 떼다
- 배송
- 무상
- 도난당하다
- 여행자 보험

02 -았/었더니

노트북을 수리하는 데 얼마나 걸릴까요? 수리 센터에 물어본 후에 수리 기간을 알게 되었다는 것을 어떻게 말할까요?

A 노트북을 수리하는 데 얼마나 걸린대요?
B 수리 센터에 물어봤더니 일주일 정도 걸린대요.

문법

'V+았/었더니'는 과거에 한 행동에 뒤이어 새로운 사실이나 상황이 있음을 나타낸다.
예 빵을 사러 가게에 갔더니 아직 문을 안 열었더라고요.

Tip 'V+았/었더니'는 과거에 한 일이 뒤 문장의 결과를 낳는 원인이 됨을 나타내기도 한다.
예 어제 오랜만에 운동을 했더니 오늘 팔다리가 쑤셔요.
어제 높은 구두를 신고 하루 종일 걸었더니 다리가 너무 아파요.

연습

다음을 보고 무슨 일이 있었는지 '-았/었더니'를 사용해서 말해 보세요.

	한 일	뒤이어 나타난 사실이나 상황
보기	주문한 물건이 와서 꺼내 보다	제품이 부서져 있다
①	밖에 나가려고 문을 열다	정기 휴일이라서 문을 닫다
②	어제 새로 산 옷을 입으려고 하다	동생이 벌써 입고 나가 버리다
③	한 시간이나 걸려서 유명한 맛집을 찾아가다	아직도 집에서 준비를 하고 있다
④	같이 만나기로 한 친구가 늦어서 전화를 하다	집 앞에 누가 쓰레기봉투를 버려 놓다

· 쑤시다

A 표정이 안 좋은데 무슨 일 있었어요?
B 네. 주문한 물건이 와서 꺼내 봤더니 제품이 부서져 있더라고요.

03 -(으)며

사람들이 선호하는 지역에는 여러 가지 장점이 있습니다. 이러한 장점을 나열해서 말할 때 어떻게 말할까요?

A 사람들이 이 지역을 특별히 선호하는 이유가 무엇입니까?

B 교육 환경이 좋으며 교통도 편리하기 때문입니다.

문법

'A/V+(으)며'는 둘 이상의 사실이나 행동, 상태를 대등하게 연결함을 나타낸다. 명사 뒤에서는 'N+(이)며'의 형태로 쓰인다.

예 시골 사람들은 친절하며 정이 많다. 그 일을 누가 했으며 언제 했는지 사실대로 말해 주세요.

연습

다음은 신제품 발표회에서의 인터뷰입니다. 각 제품의 특징을 '-(으)며'를 사용해서 말해 보세요.

	제품	장점
보기	노트북	작고 가볍다 / 속도가 빠르다
①	청소기	소음이 적다 / 작동이 쉽다
②	운동복	신축성이 뛰어나다 / 착용감이 좋다
③	자동차	디자인이 세련됐다 / 승차감이 좋다
④	휴대 전화	기능이 다양하다 / 배터리가 오래가다

- 작동
- 신축성
- 착용감
- 승차감

A 이 노트북의 특징은 무엇입니까?

B 무엇보다 작고 가벼우며 속도가 빠릅니다. 그래서 대학생들에게 인기를 끌 것으로 보입니다.

말해 봅시다

인터넷으로 구입한 물건 전화로 반품 요청하기

상담원 고객이 전화로 반품을 요청합니다. 고객 정보와 상품 정보를 확인하고 반품 이유를 물어보세요. 그리고 반품 조건과 방법을 알려 주세요.

왕단 인터넷으로 산 블라우스를 반품하고 싶습니다. 전화로 반품을 요청하세요. 그리고 반품 이유를 말하고 반품 방법도 물어보세요.

Try it!

다음 대화 틀을 따라 대화를 구성해 보세요.

	상담원	왕단
1	인사하기	용건 말하기
2	주문 번호와 고객의 이름 묻기	이름 말하기
3	**주문한 제품이 맞는지 묻기**	맞는지 확인하기
4	**반품 이유 묻기**	**반품 이유 말하기**
5	반품 사유에 해당되지 않음을 설명하기	**이의 제기하고 반품 다시 요청하기**
6	**반품 조건 말하기**	반품 방법 묻기
7	반품 방법 말하기	

Part 1 말해 봅시다

주문한 제품이 맞는지 묻기

반팔 블라우스를 주문하신 게 맞나요?
주문하신 제품이 반팔 블라우스입니까?
(3월 22일)에 주문하신 반팔 블라우스 맞습니까?

반품 이유 묻기

제품에 무슨 하자가 있습니까?
제품에 무슨 문제라도 있습니까?
반품 사유를 말씀해 주시겠습니까?

반품 이유 말하기

옷을 받아 봤더니 사이트에서 봤던 색상과 너무 달라서요.
옷을 받아 보니까 제가 봤던 색상과 완전히 다르더라고요.
옷을 받아 봤는데 실제 색상과 화면의 색상이 달라도 너무 달라서요.

응용 옷감의 질이 좋지 않다 바느질이 엉망이다 사이즈가 작게 나오다

이의 제기하기

사진과 다르다면 판매자가 잘못한 거 아닌가요?
사진과 차이가 있다면 판매자의 실수 아닌가요?
사진과 실제가 다른 건 판매자의 책임 아닌가요?

반품 조건 말하기

제품에 문제가 없으면 배송비는 고객님 부담입니다.
제품에 이상이 없다면 배송비는 고객님 부담입니다.
제품에 하자가 있지 않는 한 배송비는 고객님 부담입니다.
제품에 하자가 있는 게 아니라면 배송비는 고객님 부담입니다.

대화

11

상담원	이화닷컴입니다. 고객님, 무엇을 도와 드릴까요?
왕단	며칠 전에 블라우스를 하나 샀는데 반품하고 싶어서요.
상담원	아, 그렇습니까? 주문 번호와 고객님 성함을 말씀해 주십시오.
왕단	주문 번호는 14183이고 저는 왕단입니다.
상담원	네, 잠시만요. 3월 22일에 주문하신 반팔 블라우스 맞습니까?
왕단	네, 맞습니다.
상담원	그런데 제품에 무슨 하자가 있습니까?
왕단	그런 건 아닌데 옷을 받아 봤더니 사이트에서 봤던 색상과 너무 달라서요. 사이트에 올라 온 사진은 좀 화사한 오렌지색이었는데 받은 제품은 밤색에 가까워요.
상담원	고객님, 제품의 실제 색상과 화면의 색상은 조금 다를 수 있습니다. 그리고 그럴 수 있다는 안내 문구도 분명히 나와 있는데요.
왕단	그래도 이건 좀 심한 것 같아요. 색이 전혀 다르잖아요. 이건 판매자의 책임 아닌가요? 반품해 주세요.
상담원	그러시다면 반품해 드리도록 하겠습니다. 그런데 고객님, 규정상 제품에 하자가 있지 않는 한 배송비는 고객님이 부담하셔야 하는데 괜찮으시겠어요?
왕단	그래요? 알겠습니다. 그럼 반품은 어떻게 하지요?
상담원	저희가 계좌 번호를 알려 드릴 테니까 그쪽으로 배송비를 입금해 주세요. 그리고 2–3일 내에 저희 택배 기사가 고객님 댁을 방문할 겁니다. 그때 반품할 옷을 상자 안에 넣어서 보내 주세요.
왕단	네, 알겠습니다.

확장

여러분이 구입한 제품이 다시 보니 마음에 들지 않았거나 문제가 있었던 적이 있습니까? 만약 여러분이 그 제품을 반품하고 싶다면 어떻게 말하면 좋을까요? 상담원에게 반품을 요청해 보세요.

· 반품 · 사유 · 이의 · 제기하다 · 화사하다 · 안내 문구 · 규정

Part 2

토의해 봅시다

공동생활의 문제를 해결하는 방법에 대해 토의하기

01 다음의 안내문을 보고 함께 이야기해 보세요.

주의 사항

1. 냄새가 심한 음식은 냉장고에 보관하지 마십시오.
2. 부엌을 사용한 후에는 깨끗이 치우십시오.
3. 공동 물품을 방으로 가져가지 마십시오.
4. 밤 12시 이후에는 이용을 삼가 주십시오.

※ 모두가 사용하는 곳이니 청결하게 사용해 주시기 바랍니다.

안내 사항

1. 방문객은 숙박을 할 수 없습니다.
2. 방의 청결에 신경을 써 주십시오.
3. 밤 11시 이후에는 시끄러운 소리가 나지 않도록 주의해 주십시오.
4. 새벽 1시 이후에는 불을 꺼 주시고 부득이한 경우에는 개인 스탠드를 사용하시기 바랍니다.

(1) 위의 안내문은 공동생활에서 볼 수 있는 것입니다. 위의 사항을 지키지 않으면 어떤 문제가 생길까요?

(2) 여러분은 공동생활을 해 본 적이 있습니까? 공동생활에서 불편한 점이나 문제는 없었습니까? 그런 일이 생겼을 때 어떻게 해결했습니까? 함께 이야기해 보세요.

02 다음의 문제에 대해서 자신의 생각을 바탕으로 토의해 보세요.

(1) 다음은 인터넷에 올라온 고민 상담 글입니다. 이 글에서 두 사람이 겪고 있는 문제는 무엇입니까? 지금의 문제를 S와 Y의 입장에 서서 이야기해 보세요.

Q 같은 방을 쓰는 친구 때문에 힘들어요!

저는 기숙사에서 살고 있는 유학생 S입니다. 요즘 같은 방을 쓰는 Y 때문에 고민이 많습니다. Y는 항상 새벽까지 공부를 하거나 인터넷을 합니다. 가끔은 불을 켜 놓고 밤을 새우기도 합니다. 저는 아침 일찍 수업이 있어서 일찍 자야 하는데 하루 이틀도 아니고 거의 매일 이런 일이 반복되니까 정말 힘듭니다. 학교에서는 매일 졸고 수업에 집중하지 못해서 성적도 많이 떨어졌고 몸도 마음도 피곤합니다. 잠을 푹 못 자니까 짜증도 늘었습니다. 처음에는 사이가 불편해질까 봐 불만을 이야기하지 않다가 도저히 참을 수 없어서 조심스럽게 주의해 달라고 이야기를 했습니다. 그런데 그 친구가 과제와 공부할 것이 너무 많아서 자기도 어쩔 수 없는데 같은 방을 쓰는 사이에 그런 것도 이해해 주지 못하냐며 서운해했습니다. 그 이후로도 문제는 해결되지 않았고 서로 사이만 서먹해져서 한 방을 쓰는 것이 너무 불편해졌습니다. 이 문제를 어떻게 해결하면 좋을까요?

- 삼가다
- 청결
- 부득이하다
- 서운하다
- 서먹하다

(2) 두 사람의 문제를 해결할 수 있는 방법으로는 무엇이 있을까요? 각각의 입장을 고려해서 해결 방법을 찾아보세요.

해결 방법
• 서로 터놓고 이야기할 시간을 갖는다.
• 상대방에게 불편 사항을 더 강하게 직접적으로 말한다.
•
•
•
•

03 이 고민을 하고 있는 사람에게 여러분이 조언을 해 준다면 어떤 말을 해 주고 싶습니까? 이 문제를 원만하게 해결할 수 있는 방법에 대해 토의한 내용을 바탕으로 정리해서 S에게 보내는 게시판 답글로 써 보세요.

토의 표현

한 쪽의 입장에 서서 의견 말하기

- ~쪽에서 보면
- ~의 편에서 보면
- ~의 입장에서 보면

예

Q 여러분은 S와 Y의 상황에 대해서 어떻게 생각하십니까?

A 저는 유학생 S가 Y에게 충분히 불만을 이야기할 만한 상황이었다고 생각합니다. S의 입장에서 보면 Y 때문에 자신의 방에서 마음 편하게 쉴 수 없어서 생활하는 데 많은 어려움을 겪고 있으니까요. S에게는 자기 방에서 편하게 쉴 권리가 있다고 생각합니다.

Part 2 들어 봅시다

이웃 간 소음 문제에 대한 캠페인 듣기

01 층간 소음을 줄일 수 있는 방법에는 무엇이 있을까요? 다음 그림을 보고 규칙을 만들어 봅시다.

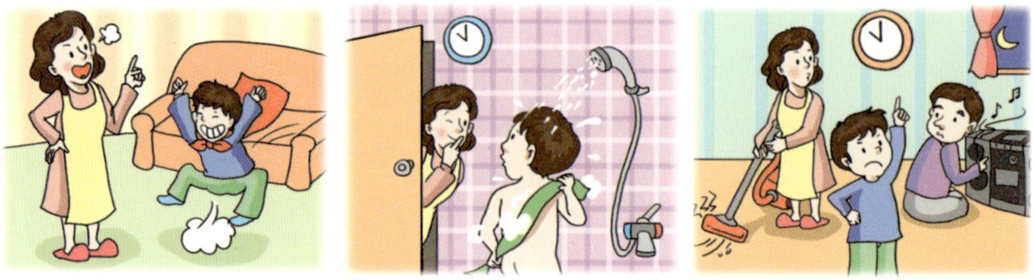

02 다음 라디오 캠페인을 잘 듣고 물음에 답하세요. 12

(1) 소음을 줄이기 위해 가장 중요한 것은 무엇이라고 했습니까?

(2) 이웃 간에 문제가 되는 소음으로 말하지 <u>않은</u> 것을 고르세요.

① TV 소리

② 애완견 짖는 소리

③ 아이들 떠드는 소리

④ 악기 연주하는 소리

(3) 듣고 맞는 것에 ✓표 하세요.

① 공사나 파티를 할 때 미리 알린다. 네 ____ 아니요 ____

② 소음으로 상대방과 소송하는 일은 흔치 않다. 네 ____ 아니요 ____

③ 방음이 잘 되지 않는 건물에서는 소음 문제가 해결되지 않는다.

네 ____ 아니요 ____

03 여러분 나라에서는 이웃과의 소음 문제가 생겼을 때 어떤 방법으로 그 문제를 해결합니까?

· 소송
· 방음

Part 3 읽어 봅시다

생활의 불편한 점에 대한 투고의 글 읽기

01 다음 자료를 보고 함께 이야기해 보세요.

(1) 다음은 외국인이 한국에서 느끼는 불편한 점들입니다. 여러분도 한국에 살면서 이런 불편함을 느낀 적이 있는지 함께 이야기해 보세요.

외국인들, 이럴 때 생활의 불편함을 느낀다!

하나, 버스나 택시가 지나치게 빨리 달린다.
둘, 한국어를 모르면 의사소통이 되지 않는 경우가 많다.
셋, 휴대 전화 가입 절차가 복잡하다.
넷, 길거리에 쓰레기통이 없어서 쓰레기를 버릴 곳이 없다.
다섯, 인터넷 사이트 이용이 불편하다.

(2) 다음은 위의 불편한 사항 중 인터넷 사이트 이용과 관련된 내용입니다. 사이트 이용 중 어떤 점이 가장 불편한지 찾아보고, 왜 불편한지 같이 이야기해 보세요.

①	가입 절차가 복잡하다.
②	외국어 지원이 되지 않는다.
③	개인 정보를 많이 요구한다.
④	주민 등록 번호가 없으면 인터넷 사이트 가입이 어렵다.

· 절차

Part 3

읽어 봅시다

02 다음은 신문의 독자 투고란에 실린 글입니다. 읽고 물음에 답하세요. 13

독자 투고

한국이 인터넷 천국?

한국에 처음 왔을 때 나는 골목마다 PC방이 있고 초고속 인터넷이 보편화되어 있는 것을 보고 정말 놀랐다. 대부분의 한국 사람들이 미니홈피와 블로그를 갖고 있었으며 온라인에서 서로 활발하게 활동하고 있었다. 인터넷 쇼핑 사이트나 영화, 음악 등을 빠르게 다운로드할 수 있는 사이트들도 넘쳐났다. 나는 이곳이 바로 '인터넷 이용자의 천국'이라는 생각이 들었다. 그러나 막상 인터넷을 이용해 보니 나 같은 외국인이 한국 인터넷 사이트를 이용하기에는 번거로운 점이 한두 가지가 아니라는 것을 곧 깨달았다.

그중 하나는 그렇게 많은 인터넷 사이트들 중에서 외국어를 지원하는 사이트가 별로 없다는 점이다. 한국에는 편리한 인터넷 사이트들이 많이 있지만 거의 한국어로만 되어 있어서 외국인들에게는 그림의 떡과 같다. 인터넷 쇼핑몰을 이용하고 싶어도 판매하는 제품명이나 제품에 대한 자세한 설명은 한국어로만 되어 있어서 불편하다. 한국에서 거의 대부분의 사람들이 이용한다는 검색 사이트까지도 외국어 지원이 되지 않으니 다른 인터넷 사이트는 말할 필요도 없을 것이다.

언어도 문제지만 사실 외국인에게 더 힘든 것은 인터넷 사이트 가입 절차이다. 한국에서는 인터넷 사이트에 가입하려면 주민 등록 번호가 필요하기 때문이다. 요즘은 주민 등록 번호가 없는 외국인도 가입할 수 있는 사이트가 많아졌다. 그러나 주민 등록 번호 없는 외국인들이 한국의 인터넷 사이트에 가입하려면 먼저 외국인 등록증이나 여권에 있는 정보를 입력해야 하고 그 서류를 복사해서 인터넷 회사로 직접 보내야 한다. 이런 복잡한 절차 때문에 가입을 포기한 적이 한두 번이 아니다.

한국에서 생활하는 외국인들의 수는 점점 늘어가고 있다. 이런 외국인들을 위해 인터넷 사이트의 정보를 다양한 언어로 지원해 주면 좋겠다. 그리고 인터넷 사이트 가입 절차도 좀 더 외국인의 상황을 고려해 개선해 주면 좋겠다. 그렇게 된다면 외국인들이 한국에서 좀 더 편리하게 생활할 수 있을 것이다.

–리처드, 서울시 서대문구 대현동

· 보편화되다
· 미니홈피
· 블로그
· 막상
· 주민 등록 번호
· 입력하다
· 고려하다
· 개선하다

(1) 글쓴이가 말하고 싶어 하는 것은 무엇입니까?

① 한국은 외국인들이 살기에 편한 나라이다.

② 한국의 인터넷 환경은 인터넷 이용자들에게 천국이 아니다.

③ 편리한 정보를 제공하는 사이트들이 더 많아질 필요가 있다.

④ 외국인들이 편리하게 인터넷 사이트를 이용할 수 있도록 개선해야 한다.

(2) 외국인들이 한국에서 인터넷을 이용할 때 겪는 불편함으로 맞는 것을 모두 고르세요.

① 외국어 지원이 되지 않는 인터넷 사이트가 많다.

② 인터넷 쇼핑몰에 제품에 대한 정확한 정보가 없다.

③ 영화나 음악을 다운로드할 때 생각보다 오래 걸린다.

④ 주민 등록 번호가 없으면 인터넷 사이트 가입이 번거롭다.

(3) 글을 읽고 맞는 것에 ✔표 하세요.

① 한국에서는 초고속 인터넷 사용이 일반적이다. 네 ____ 아니요 ____

② 한국인들이 대부분 이용하는 유명한 사이트는 외국인들도 편리하게 이용할 수 있다. 네 ____ 아니요 ____

③ 외국인들이 한국 인터넷 사이트에 가입하려면 외국인 등록증을 복사해서 그 사이트 회사로 보내야 한다. 네 ____ 아니요 ____

(4) 글쓴이는 인터넷 이용 환경이 어떻게 바뀌어야 한다고 생각합니까?

· 일반적이다

Part 3

써 봅시다

생활의 불편한 점에 대한 투고의 글 쓰기

01 여러분은 학교 생활이나 직장 생활 등에서 불편함을 느끼거나 문제가 있었던 적이 있습니까? 그것이 어떻게 개선되면 좋겠습니까? 친구들과 이야기해 보세요.

02 생활의 불편한 점에 대해 신문이나 인터넷에 투고하는 글의 개요를 작성하고 글을 써 보세요.

제목: ______________________

들어가는 말	불편한 점	
본문	구체적인 문제점 1	
	구체적인 문제점 2	
맺는 말	바라는 점	

Tip 투고의 글 쓰기

투고의 글은 독자가 신문이나 잡지에 실을 목적으로 쓴 글이다. 투고의 글을 쓸 때에는 다음 사항에 유의하여 쓴다.

- 생활 속에서 겪은 불편한 점이나 사회의 다양한 문제점 등을 주제로 삼는다.
- 먼저 불편한 점이나 문제점을 구체적으로 제시하고 그 이유도 함께 설명한다.
- 그 문제를 어떻게 개선하면 좋은지 자신이 바라는 점을 쓴다.

관용 표현

골치가 아프다 / 내 코가 석 자다 / 눈앞이 캄캄하다 14

01 다음 표현의 의미를 추측해 보고 맞는 것을 찾아 연결해 보세요.

(1)	골치가 아프다	• •	자기 앞에 닥친 일이 급하거나 크다.
(2)	내 코가 석 자다	• •	해결하기 어려운 문제가 있어 머리가 아프다.
(3)	눈앞이 캄캄하다	• •	절망적인 생각이 들고 어찌해야 할지 모르다.

02 관용 표현을 사용해서 대화를 완성해 보세요.

(1) A : 지금 안 바쁘면 이것 좀 부탁해도 될까? 나 혼자서는 못 하겠어.
B : 미안해. ______________________.
나도 오늘까지 이걸 끝내야 돼서.

(2) A : 합격자 명단에 제 이름이 없다는 걸 알았을 때는 정말 ______________________
______________________.
B : 당연히 합격할 거라고 믿었을 텐데 정말 속상했겠어요. 힘내세요.

(3) A : 다들 피하는 일을 제가 맡게 돼서 너무 ______________________.
B : 정말 힘들겠네요. 하지만 능력이 있으니까 잘 해낼 거예요.

03 다음 상황에 맞게 관용 표현을 사용해서 대화를 완성해 보세요.

(1)
A: 요코 씨, 비싸게 주고 산 새 휴대 전화를 물에 빠트렸다면서요?
B: ______________________
______________________.

(2)
A: 지영아, 아르바이트 자리 좀 하나 구해 줄 수 있어?
B: ______________________
______________________.

(3)
A: 옆집 사람이랑 소음 때문에 싸웠다고 들었는데 괜찮아요?
B: ______________________
______________________.

신문고

1401년 조선 시대 태종 때, 백성들이 해결하지 못한 억울한 일을 왕에게 직접 알릴 수 있도록 궁에 '신문고'라는 북을 설치하였다. 북이 울리면 왕이 그 소리를 직접 듣고 북을 친 사람의 억울한 사연을 들어 문제를 해결하였다. 이는 글을 모르던 사람들이 억울함을 직접 호소할 수 있게 한 것이었다.

이런 신문고 제도는 현대에서도 찾아볼 수 있다. 그것이 바로 인터넷상에서 민원을 제기할 수 있는 '국민신문고'라는 제도이다. 국민신문고는 행정 기관이나 불합리한 행정 제도 때문에 불편·불만 사항이 있을 때 속 시원히 이야기할 수 있고, 불합리한 제도나 관행 등의 개선을 건의할 수 있다.

국민신문고는 편리하게 민원을 신청하고 신속하게 처리 결과를 받을 수 있어 좋다. 그리고 국민의 창의적인 제안을 정부 정책에 반영할 수도 있고 불합리한 제도를 적극 개선할 수도 있다. 현재는 영어, 일어, 중국어, 베트남어로도 민원을 신청할 수 있고 해당 언어로 회신을 받아 볼 수 있다.

01 신문고는 무엇이며 왜 설치하게 되었습니까?

02 여러분 나라에도 '국민신문고'와 같은 제도가 있습니까? 그것은 어떤 것인지 친구들과 함께 이야기해 보세요.

문학 기행

왕후의 밥, 걸인의 찬(수필)

01 여러분이 생각하는 행복의 기준은 무엇입니까?

02 다음에서 아내를 행복하게 만든 것은 무엇인지, 행복과 돈의 관계에 대해 작가는 어떻게 느끼고 있는지를 감상해 보세요.

왕후의 밥, 걸인의 찬

김소운(1907~1981)

그들은 가난한 신혼 부부였다. 보통의 경우라면, 남편이 직장으로 나가고 아내는 집에서 살림을 하겠지만, 그들은 반대였다. 남편은 실직으로 집 안에 있고, 아내는 집에서 가까운 어느 회사에 다니고 있었다.

어느 날 아침, 쌀이 떨어져서 아내는 아침을 굶고 출근했다.

"어떻게든지 변통을 해서 점심을 지어 놓을 테니, 그때까지만 참으오."

출근하는 아내에게 남편은 이렇게 말했다. 마침내 점심시간이 되어서 아내가 집에 돌아와 보니, 남편은 보이지 않고, 방 안에는 신문지로 덮인 밥상이 놓여 있었다. 아내는 조용히 신문지를 걷었다. 따뜻한 밥 한 그릇과 간장 한 종지……. 쌀은 어떻게 구했지만, 찬까지는 마련할 수 없었던 모양이다. 아내는 수저를 들려고 하다가 문득 상 위에 놓인 쪽지를 보았다.

"왕후의 밥, 걸인의 찬……. 이걸로 우선 시장기만 속여 누오."

낯익은 남편의 글씨였다. 순간, 아내는 눈물이 핑 돌았다. 왕후가 된 것보다도 행복했다. 만금을 주고도 살 수 없는 행복감에 가슴이 부풀었다.

『가난한 날의 행복』, 범우사, 1995

(1) 위 이야기에서 아내를 감동시키고 행복을 느끼게 해 준 표현은 무엇입니까?

(2) 작가가 행복과 돈의 관계에 대해 어떻게 생각하고 있는 것 같습니까?

03 여러분의 행복의 기준과 글쓴이의 행복의 기준은 어떻게 다른지 함께 이야기해 보세요.

· 살림 · 실직 · 변통 · 종지 · 찬 · 왕후 · 걸인 · 시장기 · 눈물이 핑 돌다 · 만금 · 부풀다

제3과

TV와 생활

제3과 TV와 생활

Part 1

준비합시다 — **1** 치고 **2** 에 따라 **3** -더라도

말해 봅시다 — 친구와 같이 볼 TV 프로그램 정하기

Part 2

토의해 봅시다 — TV의 역기능을 최소화하는 방법에 대해 토의하기

들어 봅시다 — TV 안 보기 운동에 대한 인터뷰 듣기

Part 3

읽어 봅시다 — TV 프로그램에 대한 비평의 글 읽기

써 봅시다 — TV 프로그램에 대한 비평의 글 쓰기

관용 표현 — 낯이 뜨겁다 / 눈에 거슬리다 / 눈 뜨고 볼 수 없다

CULTURE & LITERATURE

문화와 생활 — 한국인과 TV

문학 기행 — 「라디오와 같이 사랑을 끄고 켤 수 있다면」 (시)

Part 1

준비합시다

01 치고

15

아이들은 모두 만화 영화를 좋아하지요? 어떤 것에 예외가 없이 모두 그렇다는 것을 어떻게 말할까요?

A 우리 아이는 매일 만화 영화만 봐서 정말 걱정이에요.

B 어린아이치고 만화 영화 안 좋아하는 아이 없잖아요. 크면 나아질 거예요.

문법

'N+치고'는 앞에 나온 명사가 예외 없이 모두 뒤의 내용과 같음을 나타낸다. 흔히 뒤에는 부정을 뜻하는 말이 오거나 수사 의문문 형식이 온다.

예 직장인치고 월급날을 기다리지 않는 사람은 없다. 부부치고 안 싸우는 사람이 어디 있어요?

Tip 'N+치고'는 앞 명사에 대해 일반적으로 가지고 있는 생각과 뒤의 내용이 다름을 나타내기도 한다.
예 마이클 씨는 외국인치고 한국말을 잘하는 편이다.

연습

다음의 상황에서는 예외 없이 모두 그렇다는 것을 '치고'를 사용해서 말해 보세요.

	상황	예외 없다고 생각하는 일	조언
보기	면접시험이 있는데 너무 떨리다	시험을 앞둔 사람은 긴장하다	긴장을 풀다
①	회사에 들어간 지 얼마 안 돼서 실수가 많다	신입 사원은 일을 능숙하게 하기 어렵다	하나씩 차근차근 배워 나가다
②	전자 사전을 사고 싶은데 너무 비싸다	최신형 전자 사전은 비싸다	휴대 전화의 전자 사전 기능을 이용하다
③	유학을 왔는데 부모님이 걱정을 많이 하시다	부모님은 자식을 걱정하다	이메일이나 전화를 자주 드리다
④	할인 매장에서 싸게 산 알람시계가 금방 고장 났다	가격이 싼 물건은 오래 쓰지 못하다	다음부터 잘 따져 보고 사다

· 능숙하다
· 차근차근
· 따지다

A 내일 면접시험이 있는데 너무 떨려요.

B 시험을 앞둔 사람치고 긴장하지 않는 사람은 없어요. 긴장을 푸세요.

02 에 따라

16

TV 프로그램마다 시청 가능한 나이가 다릅니다. TV 프로그램의 내용이 시청 제한의 기준이 된다는 것을 어떻게 말할까요?

A **TV 화면에 있는 저 숫자는 무슨 표시예요?**

B **저건 TV 프로그램의 내용에 따라 시청 가능한 나이를 표시한 거예요. 이 프로그램은 15세 이상만 볼 수 있어요.**

문법

'**N+에 따라**'는 앞에 오는 명사가 뒤에 오는 상황의 기준이 됨을 나타낸다.

예 계절에 따라 피는 꽃이 다르다.　　　사람들은 쇼핑할 때 자신의 취향에 따라 물건을 고른다.

Tip 'A/V+(으)ㅁ에 따라'는 앞의 일과 더불어 뒤의 일이 일어남을 나타낸다.

예 경제가 좋아짐에 따라 소비도 늘고 있다.

연습

다음을 보고 상황에 맞는 기준을 선택해 '에 따라'를 사용해서 말해 보세요.

	상황	기준
보기	같은 도시인데 집값 차이가 많이 나다	교통 환경
①	같은 재료로 만들었는데 음식 맛이 다르다	업무 능력
②	같은 직장인인데 내는 세금 액수가 다르다	조리 방법
③	같이 입사한 동기였는데 지금은 직위가 다르다	소득 수준
④	같은 반에서 공부했는데 한국어능력시험 결과가 다르다	한국어 실력

- 업무
- 세금
- 액수
- 동기
- 직위
- 소득 수준

A **같은 도시인데 집값에 차이가 많이 나는 건 왜 그런 거예요?**

B **교통 환경이 달라서 그래요. 교통 환경에 따라 집값에 차이가 많이 나거든요.**

03 -더라도

17

어제 친구가 축구를 보느라고 보고서를 못 끝냈습니다. 축구를 좋아하는 것은 알지만 할 일을 먼저 끝냈어야 했다는 것을 어떻게 말할까요?

A 보고서는 다 끝냈어요?
B 아니요. 어제저녁에 축구 경기를 보느라고 다 못 끝냈어요.
A 아무리 축구를 좋아하더라도 할 일은 하고 봤어야지요.

문법

'A/V+더라도'는 앞에서 가정하거나 인정한 일이 뒤의 일에 영향을 미치지 못하거나 관계가 없음을 나타낸다.

예 아무리 바쁘더라도 서두르지 마세요.
서류 작성을 끝냈더라도 제출하기 전에 한 번 더 검토했어야지요.

연습

다음의 상황에 대해서 '-더라도'를 사용해서 조언해 보세요.

	상황	조언
보기	눈코 뜰 새 없이 바빠서 점심을 자주 거르다	건강을 위해서 밥을 꼭 챙겨 먹다
①	피곤해서 숙제를 자주 못 하다	할 일을 꼭 하다
②	물건 값이 싸면 필요 없는 것도 사게 되다	필요한 물건인지 따져 보고 사다
③	차가 없으면 빨간 불에도 가끔 길을 건너다	교통 법규를 꼭 지키다
④	한국어 공부가 너무 어려워서 그만두고 싶다	포기하지 말고 계속 노력하다

· 교통 법규

A 요즘 눈코 뜰 새 없이 바빠서 점심을 자주 걸러요.
B 아무리 바쁘더라도 건강을 위해서 밥을 꼭 챙겨 드세요.

말해 봅시다

친구와 같이 볼 TV 프로그램 정하기

유키 예능 프로그램을 같이 보자는 친구의 제안을 완곡하게 거절하세요. 그리고 교양 프로그램의 장점을 말하면서 같이 보자고 권해 보세요.

사라 지금 예능 프로그램을 시청하고 있습니다. 교양 프로그램을 보자는 친구의 말을 듣고 프로그램에 대한 자신의 의견을 말해 보세요. 그리고 무엇을 볼지 정해 보세요.

Try it! 다음 대화 틀을 따라 대화를 구성해 보세요.

	유키	사라
1	지금 보고 있는 프로그램 묻기	자신이 보고 있는 프로그램 말하고 같이 보자고 권하기
2	완곡하게 거절하기	**프로그램의 좋은 점 말하고 다시 권하기**
3	**부정적 의견 말하고 다른 프로그램을 보자고 제안하기**	제안한 프로그램에 대해 묻기
4	프로그램 소개하기	**부정적 의견 말하고 예외가 없음을 말하기**
5	**예외가 있음을 말하고 프로그램의 좋은 점 말하기**	프로그램 내용 묻기
6	프로그램 내용 설명하기	관심 표현하고 친구의 제안 받아들이기
7	**제안에 대한 확신 표현하기**	

Part 1

말해 봅시다

프로그램의 좋은 점 말하기

예능 프로그램을 보면 스트레스가 확 풀려요.

응용 드라마 – 내용이 눈을 뗄 수 없을 만큼 흥미진진하다.
교양 프로그램 – 유익한 정보가 가득하고 지식과 교양을 쌓을 수 있다.

프로그램에 대한 부정적 의견 말하기

예능 프로그램은 너무 유치하지 않아요?
예능 프로그램은 너무 유치한 것 같아요.

응용 드라마 – 비현실적이고 중독성이 강하다.
교양 프로그램 – 너무 딱딱하고 재미없다.

부정적 의견에 예외가 없음을 말하기

교양 프로그램은 모두 재미없어요.
지금까지 교양 프로그램치고 재미있는 걸 못 봤어요.
여태까지 재미있는 교양 프로그램을 한 번도 본 적이 없어요.

예외가 있음을 말하기

이건 교양 프로그램 같지 않게 재미있어요.
이 프로그램은 다른 교양 프로그램과 달리 재미있어요.
세계 테마 여행은 교양 프로그램치고 재미있는 편이에요.
보통 교양 프로그램을 재미없다고 하는데 이건 그렇지 않아요.

제안에 대한 확신 표현하기

절대 후회하지 않을 거예요.
틀림없이 재미있어할 거예요.
분명히 마음에 들어할 거예요.

대화

18

유키 사라 씨, 지금 뭐 보고 있어요?

사라 '스타 올림픽'이라는 프로그램인데 아주 재미있어요. 유키 씨도 같이 볼래요?

유키 글쎄요. 저는 그런 예능 프로그램은 별로 안 좋아해서요.

사라 왜요? 요즘 얼마나 인기가 많은데요. 보면 스트레스가 확 풀려요. 그러지 말고 같이 봐요.

유키 예능 프로그램은 좀 유치하지 않아요? 다른 걸 보면 어때요? 지금 다른 채널에서 '세계 테마 여행'을 하고 있어요.

사라 '세계 테마 여행'요? 그게 뭔데요?

유키 지난달부터 시작한 교양 프로그램인데 정말 재미있어요.

사라 저는 그런 프로그램은 너무 딱딱하고 재미없던데요. 저는 지금까지 교양 프로그램치고 재미있는 걸 못 봤어요.

유키 그렇지 않아요. 주제나 내용에 따라 재미있는 게 얼마나 많은데요. '세계 테마 여행'은 다른 교양 프로그램과 달리 재미있어요. 유익한 정보도 가득하고 지식과 교양도 쌓을 수 있어서 정말 좋아요.

사라 그래요? 도대체 어떤 프로그램인데요?

유키 세계 여러 곳을 테마에 따라 소개해 주는 프로그램인데 보고 나면 직접 여행을 다녀온 것 같은 기분이 들어요.

사라 그래요? 그럼 오늘은 그걸 한번 볼까요?

유키 사라 씨도 틀림없이 재미있어할 거예요. 빨리 채널을 돌려 보세요.

확장

여러분은 어떤 TV 프로그램을 좋아합니까? 자신이 좋아하는 TV 프로그램에 대해 친구와 함께 이야기하고 같이 볼 TV 프로그램을 정해 보세요.

· 예능 · 교양 · 유익하다 · 비현실적 · 중독성 · 딱딱하다 · 테마

Part 2 토의해 봅시다

TV의 역기능을 최소화하는 방법에 대해 토의하기

01 다음의 신문 기사를 보고 함께 이야기해 보세요.

수재민들에게 따뜻한 손길 이어져

이번 폭우로 수해를 입은 수재민들의 어려운 상황이 TV를 통해 알려지자 많은 시청자들이 성금을 보내 왔다.

최근 TV 모방 범죄 크게 늘어

최근 발생한 범죄 중 많은 경우가 TV 속의 폭력적이고 선정적인 장면을 모방한 것으로 밝혀져 충격을 주고 있다.

(1) 위의 두 기사를 보면 TV가 사람들에게 어떤 영향을 주는 것 같습니까?

(2) TV 시청이 여러분의 생활에 도움을 주거나 좋지 않은 영향을 준 적이 있습니까? 여러분의 경험을 말해 보세요.

02 다음에 대해서 자신의 생각을 바탕으로 토의해 보세요.

(1) TV는 사람들에게 좋은 영향을 주기도 하고 좋지 않은 영향을 주기도 합니다. TV의 순기능과 역기능으로는 어떤 것들이 있는지 구체적으로 예를 들어 이야기해 보세요.

TV의 순기능	TV의 역기능
생활의 활력소가 된다.	잘못된 정보까지 사실로 받아들이게 한다.
삶에 대한 이해의 폭을 넓혀 준다.	성, 인종, 문화에 대한 고정 관념을 갖게 한다.

- 역기능
- 최소화하다
- 수재민
- 손길
- 폭우
- 수해
- 성금
- 모방 범죄
- 폭력적
- 선정적
- 순기능
- 폭
- 활력소
- 인종
- 고정 관념

(2) 앞에서 이야기한 TV의 역기능에 대응할 수 있는 방법으로는 무엇이 있을까요? TV의 역기능을 최소화하는 방법에 대해 함께 이야기해 보세요.

TV의 역기능을 최소화하는 방법
• 지나친 TV 시청을 피한다.
• 유해한 프로그램에 대한 심의를 강화한다.
•
•
•
•

03 TV의 순기능과 역기능을 생각해 보고 TV의 역기능에 대응할 수 있는 방법에 대해 토의한 내용을 바탕으로 정리해서 써 보세요.

토의 표현

근거 · 이유 제시하며 말하기

- ~에 의하면
- ~에 따르면 ~다고 합니다
- ~다는 점은 ~을/를 통해서도 알 수 있습니다

예

A TV의 역기능으로는 어떤 것이 있을까요?

B 요즘 TV를 보면 폭력적이고 선정적인 장면이 많이 나옵니다. 신문 기사에 따르면 그런 장면을 본 사람들 중에서 모방 범죄와 같은 사회적 문제를 일으키는 사람이 있다고 합니다.

- 대응하다
- 유해하다
- 심의
- 강화하다
- 일으키다

Part 2

들어 봅시다

TV 안 보기 운동에 대한 인터뷰 듣기

01 다음은 어떤 캠페인에 대한 것일까요? 캠페인의 목적과 내용이 무엇인지 함께 이야기해 보세요.

02 다음은 TV 안 보기 운동에 대한 인터뷰입니다. 듣고 물음에 답하세요. 19

(1) 이 운동에 대한 설명으로 맞는 것을 모두 고르세요.

① TV를 꺼서 전기를 절약하기 위한 것이다.
② 아이들이 TV를 못 보게 하기 위한 것이다.
③ 가정의 의미를 다시 생각해 보기 위한 것이다.
④ 자녀의 올바른 TV 습관을 형성하기 위한 것이다.

(2) 자녀의 올바른 TV 습관 형성을 위한 노력으로 말하지 않은 것을 고르세요.

① 일주일에 하루 정도는 TV를 끈다.
② TV 시청 시간을 1시간 안으로 제한한다.
③ 부모와 아이가 함께 TV를 시청하고 대화를 나눈다.
④ 아이들이 보고 싶은 프로그램을 직접 고르도록 한다.

(3) 듣고 맞는 것에 ✔표 하세요.

① 지나친 TV 시청은 가족 간의 대화를 막는다. 네 ____ 아니요 ____

② 하루쯤 TV를 끄는 일은 어려운 일이 아니다. 네 ____ 아니요 ____

③ TV 안 보기 운동을 위해서는 가족들의 공감대 형성이 가장 중요하다.

네 ____ 아니요 ____

· 제한하다
· 공감대

03 바람직한 TV 시청 습관을 형성하기 위해 할 수 있는 일에 대해 함께 이야기해 보세요.

Part 3 읽어 봅시다

TV 프로그램에 대한 비평의 글 읽기

01 다음 TV 시청자 게시판을 보고 함께 이야기해 보세요.

TV 시청자 게시판

번호	제목	작성자	작성일	조회
공지	**시청자 설문 조사에 참여해 주세요** New	관리자	04.27	326
공지	**스페셜 방송 안내**	관리자	04.22	1263
7157	매번 관심도 없는 드라마나 영화 홍보에 짜증나요.	박수진	04.29	3
	└ 홍보를 위한 출연진은 더 이상 받지 마시길...	한진호	04.29	10
7156	자막이 너무 많아서 눈에 거슬립니다. 자막이 꼭 필요한가요?	최유나	04.29	14
7155	프로그램 구성이 다른 방송국과 너무 비슷해서 식상해요.	박정우	04.29	22
7154	출연자들이 말을 너무 함부로 하는 것 같아요.	강지윤	04.29	32
7153	출연자들이 하는 말이 너무 선정적이라서 낯이 뜨거웠어요.	김진수	04.29	59
7152	출연자들의 과장된 행동에 짜증이 납니다.	박영우	04.28	89

1 2 3 4 5 6 7 8 9 10

전체 제목 검색

(1) TV 시청자 게시판의 역할은 무엇일까요?

(2) 사람들은 이 프로그램에 대해 어떻게 생각하고 있습니까? 게시판 글의 제목을 보고 그 내용을 추측해서 함께 이야기해 보세요.

- 홍보
- 출연진
- 자막
- 눈에 거슬리다
- 식상하다
- 낯이 뜨겁다
- 과장되다

Part 3 읽어 봅시다

02 다음은 예능 프로그램에 대해 비평한 글입니다. 읽고 물음에 답하세요. 20

예능 프로그램, 누구를 위한 방송인가

요즘 TV를 틀어 보면 채널마다 다양한 예능 프로그램이 방송되고 있다. 이런 예능 프로그램은 일상에 지친 사람들에게 웃음을 주고 생활의 활력소가 되기 때문에 많은 사람들이 즐겨 본다. 그러나 요즘 방송되고 있는 예능 프로그램들을 보면 여러 가지 문제점이 있다. 여기에서는 그중 몇 가지만 지적하려고 한다.

첫째는 최근 몇 년 사이 비슷비슷한 예능 프로그램들이 쏟아져 나오면서 각 프로그램의 개성이 사라지고 있다는 점이다. 한 프로그램이 인기를 끌기 시작하면 방송국마다 유사한 프로그램들을 경쟁적으로 제작하여 방송에 내보내기 때문에 프로그램의 내용과 구성 면에서 크게 차이가 없는 경우가 많다. 프로그램의 차별성이 없다면 시청자들은 쉽게 식상함을 느끼게 될 것이다.

둘째는 예능 프로그램이 출연자들의 새 드라마나 영화, 노래 등을 홍보하는 데 이용되고 있다는 점이다. 시청자가 원하는 것이 무엇인지는 전혀 고려하지 않고 단지 홍보의 수단으로 프로그램을 이용하는 것은 바람직하지 않다. 아무리 인기가 많은 스타가 출연하더라도 프로그램의 내용과 상관없이 계속 홍보만 한다면 시청자들은 더 이상 그 프로그램을 보려고 하지 않을 것이다.

마지막으로 이야기하고 싶은 점은 방송에 나온 출연자들이 너무 과장된 행동과 말을 한다는 것이다. 시청자들의 눈을 끌기 위한 과장된 행동과 말은 오히려 시청자들의 눈살을 찌푸리게 한다. 그리고 이런 행동과 말을 자막까지 넣어서 강조하고 있는데 불필요한 자막이 화면을 가득 채우고 있는 것을 보면서 자막이 꼭 필요한 것일까 하는 생각도 든다.

시청자들은 예능 프로그램을 보면서 일상의 스트레스를 날려 버리고 즐거움을 얻고 싶어 한다. 그러나 요즘 방송국들은 이러한 시청자들의 바람을 외면한 채 그저 시청률을 올리기 위해 프로그램을 만들고 있는 것 같다. 이제 이런 식상한 내용과 구성에서 벗어나 좀 더 참신하고 차별화된 예능 프로그램을 제작해 주었으면 한다.

- 지적하다
- 유사하다
- 경쟁적
- 제작하다
- 차별성
- 외면하다
- 시청률
- 참신하다
- 차별화

(1) 글쓴이의 태도로 가장 적절한 것을 고르세요.

① 예능 프로그램에 대해 긍정적인 태도를 가지고 있다.
② 예능 프로그램에 대해 부정적인 태도를 가지고 있다.
③ 예능 프로그램의 개선에 대해 중립적인 태도를 가지고 있다.
④ 예능 프로그램의 문제점에 대해 방어적인 태도를 가지고 있다.

(2) 이 글에서 예능 프로그램의 문제점으로 지적하지 않은 것은 무엇입니까?

① 쓸데없는 자막이 너무 많이 나온다.
② 프로그램이 홍보의 수단으로 이용된다.
③ 한 프로그램만 너무 많은 인기를 끌고 있다.
④ 출연자의 과장된 행동과 말이 시청자들의 기분을 상하게 한다.

(3) 글을 읽고 맞는 것에 ✔표 하세요.

① 유사한 예능 프로그램들이 많이 생겼다. 네 _____ 아니요 _____
② 예능 프로그램은 사람들의 지친 일상에 활력소가 된다. 네 _____ 아니요 _____
③ 요즘 예능 프로그램은 시청자의 욕구를 잘 충족시켜 주고 있다. 네 _____ 아니요 _____

(4) 글쓴이가 바라는 예능 프로그램은 어떤 것입니까?

- 중립적
- 방어적
- 욕구
- 충족시키다

Part 3

써 봅시다

TV 프로그램에 대한 비평의 글 쓰기

01 여러분이 주로 보는 TV 프로그램은 무엇입니까? 그것은 어떤 프로그램이며 어떤 특징이 있는지 비판적 시각으로 이야기해 보세요.

02 TV 프로그램에 대해 비평하는 글의 개요를 작성하고 글을 써 보세요.

제목: ______________________________

들어가는 말	비평 대상 및 비평 동기	
본문	비평할 점 1	
	비평할 점 2	
	비평할 점 3	
맺는 말	정리	

Tip 비평의 글 쓰기

비평의 글은 어떤 대상에 대해 좋은 점과 문제점을 종합적으로 분석, 평가한 글이다. 비평의 글을 쓸 때는 다음 사항에 유의하여 쓴다.

- 먼저 비평하려고 하는 대상을 정하고 비평 동기를 간단히 쓴다.
- 어떤 점에 대해서 비평할 것인지 정해 그 근거나 이유를 제시하면서 쓴다.
- 마지막으로 지금까지 비평한 것들을 간단히 정리하며 마무리한다.

관용 표현

낯이 뜨겁다 / 눈에 거슬리다 / 눈 뜨고 볼 수 없다 21

01 다음 표현의 의미를 추측해 보고 맞는 것을 찾아 연결해 보세요.

(1)	낯이 뜨겁다	•	• 눈앞의 광경이 참혹하거나 민망하여 차마 볼 수 없다.
(2)	눈에 거슬리다	•	• 내가 한 행동이나 다른 사람의 행동이 몹시 부끄러워 얼굴이 화끈거리다.
(3)	눈 뜨고 볼 수 없다	•	• 보기에 마음에 들지 않아 언짢은 느낌이 들며 기분이 상하다.

02 관용 표현을 사용해서 대화를 완성해 보세요.

(1) A : 마이클 씨는 한국어를 참 잘하는군요. 정말 부러워요.
B : 뭘요. 저도 처음에는 한국어가 서툴러서 실수를 많이 했는걸요.
그때만 생각하면 지금도 ____________________.

(2) A : 그 옷 마음에 든다고 좋아하더니 왜 바꾸려고 해요?
B : 여기 단추가 약간 비뚤어진 것이 자꾸 ____________________.

(3) A : 얼굴이 창백한데 무슨 일이 있었어요?
B : 네, 오는 길에 교통사고 현장을 목격했는데 너무 끔찍해서 차마 ________
____________________.

03 다음 상황에 맞게 관용 표현을 사용해서 대화를 완성해 보세요.

(1) A: 어머, 저 사람들 좀 보세요. 사람들도 많은데 서로 껴안고 있어요.
B: ____________________
____________________.

(2) A: 어제 소개팅에서 만난 남자의 어떤 점이 마음에 안 들었어요?
B: ____________________
____________________.

(3) A: 그 영화에서 전쟁 장면을 굉장히 실감 나게 표현했다면서요?
B: ____________________
____________________.

문화와 생활

한국인과 TV

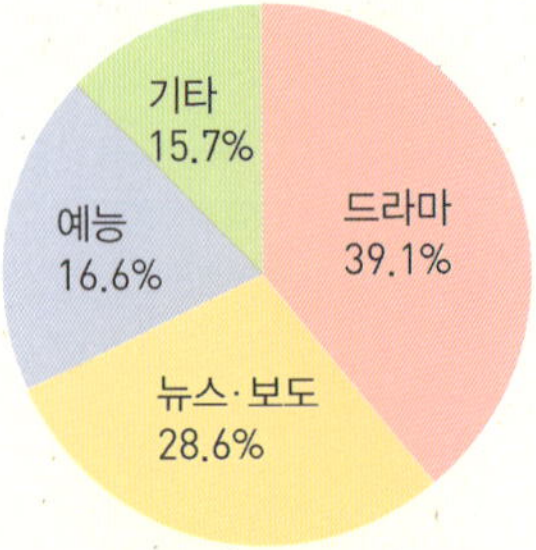

TV 프로그램별 선호도

통계청 조사에 의하면 한국인들은 주말 여가 활동으로 남녀노소를 막론하고 TV 시청을 가장 많이 하는 것으로 조사되었다.

요일별로 분석한 결과에 따르면 일요일 시청률이 가장 높았으며 금요일이 가장 낮았는데 주 5일제 근무 등 생활 방식의 변화로 금요일과 토요일에는 비교적 야외에서 여가를 많이 보내고 일요일에는 집에서 TV를 시청하며 여가를 보내는 것으로 보인다.

평균 시청 시간은 일주일에 18시간 이상이며 소득이 적을수록 TV를 더 많이 보는 것으로 나타났다. 그리고 남성보다 여성이 좀 더 많은 시간을 TV와 함께 보내고 있으며 연령이 높을수록 시청 시간이 길었다.

TV의 시청 목적으로는 '습관적으로' 시청한다는 응답자가 전체의 36.8%로 가장 많았다. 다음으로 '흥미·오락'을 위해 시청한다는 응답이 31.6%로 나타났다. TV 프로그램별 선호도는 드라마가 1위를 차지했고, 뉴스·보도가 2위, 예능이 3위 순이었다. 연령대별로 보면 10~20대는 예능을, 30~40대는 드라마를, 50대는 뉴스·보도를 주로 시청하는 것으로 나타났다.

01 연령대별로 선호하는 TV 프로그램은 무엇입니까?

02 여러분 나라에서 이와 똑같은 조사를 한다면 어떤 결과가 나올 것 같습니까? 함께 이야기 해 보세요.

문학 기행

라디오와 같이 사랑을 끄고 켤 수 있다면(시)

01 시의 내용은 어떤 것일까요? 제목을 보고 시의 내용을 추측해 보세요.

02 현대인의 인간관계에 대해 시인이 말하려고 하는 것이 무엇인지 생각하면서 감상해 보세요.

라디오와 같이 사랑을 끄고 켤 수 있다면

장정일(1962~)

내가 그의 단추를 눌러 주기 전에는
그는 다만
하나의 라디오에 지나지 않았다.

내가 그의 단추를 눌러 주었을 때
그는 나에게로 와서
전파가 되었다.

내가 그의 단추를 눌러 준 것처럼
누가 와서 나의
굳어 버린 핏줄기와 황량한 가슴 속 버튼을 눌러 다오.
그에게로 가서 나도
그의 전파가 되고 싶다.

우리들은 모두
사랑이 되고 싶다.
끄고 싶을 때 끄고 켜고 싶을 때 켜는
라디오가 되고 싶다.

『길 안에서의 택시잡기』, 민음사, 1988

(1) 시 속에서 '단추를 눌러 주다'는 무슨 의미일까요?

(2) 현대인의 인간관계에 대해 시인이 말하고 싶은 것은 무엇입니까?

03 현대인의 인간관계를 무엇에 비유할 수 있을까요? 함께 이야기해 보세요.

· 전파 · 핏줄기 · 황량하다

제4과

진로와 직업

제4과 진로와 직업

Part 1

- 준비합시다 — 1 -아/어 봤자　2 -아/어 두다　3 -(으)ㄴ 끝에
- 말해 봅시다 — 진로에 대해 고민하는 친구에게 조언하기

Part 2

- 토의해 봅시다 — 후회 없는 진로 선택을 위한 방법에 대해 토의하기
- 들어 봅시다 — 제2의 인생을 시작한 사람과의 인터뷰 듣기

Part 3

- 읽어 봅시다 — 개인의 특성과 직업에 대한 분류의 글 읽기
- 써 봅시다 — 개인의 특성과 직업에 대한 분류의 글 쓰기
- 관용 표현 — 속이 타다 / 물 건너가다 / 발 뻗고 자다

CULTURE & LITERATURE

- 문화와 생활 — 시대별 인기 학과
- 문학 기행 — 「바람에게도 길이 있다」 (시)

Part 1

준비합시다

01 -아/어 봤자

22

내일이 시험인데 범위가 많아서 지금부터 공부해도 소용없다는 것을 어떻게 말할까요?

A 내일이 시험인데 공부 안 해요?

B 시험 범위가 너무 많아서 지금부터 공부해 봤자 다 못 봐요.

문법

'V+아/어 봤자'는 앞의 행위를 해도 소용이 없음을 나타낸다.

예 늦은 시간이라서 지금 가 봤자 가게 문이 닫혔을 거예요.
정우 씨는 지금 너무 멀리 있어서 여기에서 소리쳐 봤자 우리 소리를 못 들어요.

연습

다음 계획이 현재 상황에서는 소용없음을 '-아/어 봤자'를 사용해서 말해 보세요.

	희망 사항	현재 상황
보기	물가가 올라서 월급을 올려 달라고 말하다	회사 사정이 좋지 않아서 월급이 인상되기 어렵다
①	취업이 잘 되는 전공으로 바꾸다	구직자가 많아서 취업하기 어렵기는 마찬가지이다
②	업무량이 많아서 다른 부서로 옮기다	회사 전체가 바빠서 일이 줄지 않다
③	취업에 도움이 되도록 자격증을 많이 따다	지원 분야와 관계가 없으면 소용이 없다
④	지금 다니는 회사의 대우가 좋지 않아서 이직하다	불경기라서 지금보다 더 좋은 대우를 받기 어렵다

· 구직자
· 업무량
· 대우
· 이직하다

A 물가가 올라서 월급을 좀 올려 달라고 말하려고 해요.

B 월급을 올려 달라고 말해 봤자 지금은 회사 사정이 좋지 않아서 인상되기 어려울 거예요.

02 -아/어 두다

23

면접시험을 앞두고 예상 질문 목록을 만들었습니다. 어떤 일을 위해 미리 준비했다는 것을 어떻게 말할까요?

A 내일 면접시험 보지요? 준비는 많이 했어요?

B 예상 질문 목록을 만들어 두었는데 실제 면접에서는 어떤 질문을 받을지 모르겠어요.

문법

'V+아/어 두다'는 다른 일을 준비하기 위해 어떤 행위를 먼저 하거나 한 상태로 있음을 나타낸다.

예 이사를 가기 전에 이삿짐을 미리 싸 두세요.
잊어버리지 않도록 전화번호를 휴대 전화에 저장해 두세요.

연습

다음 사람들은 목표를 위해 어떤 준비를 하려고 합니까? '-아/어 두다'를 사용해서 말해 보세요.

	이름	목표	준비하려는 것
보기	히로	한국 기업 취직	한국어 능력 시험을 미리 보다
①	수진	유학	지금부터 유학 자금을 마련하다
②	유키	개인 사업	직장에 다니면서 인맥을 쌓다
③	왕단	대학원 진학	학교에 다니는 동안 학점 관리를 하다
④	올가	호텔 요리사	시간이 있을 때 한식과 양식 조리사 자격증을 따다

A 히로 씨는 한국 기업에 취직하고 싶다고 했지요?

B 네. 그래서 한국어 능력 시험을 미리 봐 두려고요.

- 목록
- 이삿짐
- 자금
- 인맥을 쌓다
- 학점
- 자격증

Part 1

03 -(으)ㄴ 끝에

24

오랫동안 생각한 후 유학을 가기로 결정했습니다. 길고 힘든 과정 후에 어떤 결과가 이루어졌음을 어떻게 말할까요?

A 앞으로 어떻게 할지 결정했어요?

B 네. 오래 생각한 끝에 유학을 가는 쪽으로 결정했어요.

문법

'V+(으)ㄴ 끝에'는 길고 힘든 과정 후에 어떤 결과가 이루어짐을 나타낸다. 명사 뒤에서는 'N+끝에'의 형태로 쓰인다.

예 어려운 책을 다섯 번이나 읽은 끝에 드디어 내용을 이해할 수 있게 되었어요.

연습

다음 결과를 얻기 위해 어떤 힘든 과정을 겪었는지 '-(으)ㄴ 끝에'를 사용해서 말해 보세요.

	과정	결과
보기	1년 동안 게으름을 피우지 않고 열심히 취직 준비를 했다	대기업에 들어갔다
①	매일 피나는 훈련을 했다	수영 대회에서 1등을 했다
②	수많은 시행착오를 거쳤다	신약 개발에 성공했다
③	10년 동안 꼬박꼬박 적금을 부었다	내 집 마련의 꿈을 이루었다
④	공연장 앞에서 새벽부터 줄을 서서 기다렸다	콘서트에서 제일 좋은 자리에 앉았다

A 대기업에 들어가기는 하늘의 별 따기라던데 어떻게 들어갔어요?

B 1년 동안 게으름 피우지 않고 열심히 취직 준비를 한 끝에 들어갈 수 있었어요.

- 과정
- 겪다
- 게으름을 피우다
- 피나는 훈련
- 시행착오
- 거치다
- 신약
- 꼬박꼬박
- 붓다
- 콘서트

말해 봅시다

진로에 대해 고민하는 친구에게 조언하기

유키 한국어 공부를 마친 후 한국의 항공사에 취직하고 싶지만 취직하기 어려울까 봐 걱정이 됩니다. 친구에게 조언을 구하세요.

깨우 한국어 공부를 마친 후 한국에서 대학원에 가려고 원서를 내고 결과를 기다리는 중입니다. 취직에 대해 걱정하는 친구에게 준비해야 할 것을 알려 주세요.

Try it! 다음 대화 틀을 따라 대화를 구성해 보세요.

	유키	깨우
1	한국어 공부를 마친 후의 계획 묻기	계획 말하기
2	준비 상태 묻기	준비가 끝났음을 말하기
3	부러움 표현하기	친구의 계획 묻기
4	**취업 계획 말하고 취직하기 어렵다고 말하기**	**걱정해도 소용없음을 말하기**
5	준비해야 할 것 묻기	**준비할 것 조언하기**
6	조언에 따른 결심 말하기	추가 정보 주기
7	감사 인사하기	**준비의 중요성 말하고 격려하기**

Part 1 말해 봅시다

취직하기 어렵다고 말하기

요즘 한국인도 취직하기가 힘들다고 들었어요.
요즘 한국에서 취직하기가 하늘의 별 따기라고 들었어요.
요즘 한국에서 일자리를 찾는 것이 만만치 않다고 들었어요.

걱정해도 소용없음을 말하기

걱정해 봤자 소용없어요.
걱정해도 바뀌는 것은 없어요.
걱정만 하고 있으면 뭐가 달라지겠어요.

준비할 것 조언하기

승무원으로 일하려면 체력이 좋아야 한다고 하니까 미리 체력을 길러 두세요.
승무원으로 일하려면 몸이 튼튼해야 한다고 하니까 미리 체력을 키워 두세요.
체력이 좋으면 승무원으로 일하는 데 유리하다고 하니까 미리 체력을 길러 두세요.

응용 여행 가이드 – 여러 나라의 역사와 문화에 대해 알다/공부하다
유치원 교사 – 정교사 자격증이 있다/자격증을 따다

준비의 중요성 말하고 격려하기

준비된 자에게 기회가 온다고 하잖아요.
준비된 사람만이 기회를 잡을 수 있다고 하잖아요.
준비를 해 두지 않으면 막상 기회가 왔을 때 놓치기 쉽잖아요.

대화

25

유키 깨우 씨는 한국어 공부를 다 마치면 뭐 할 거예요?

깨우 한국에서 대학원에 가려고 해요.

유키 그래요? 요즘 원서 제출 기간인 것 같던데 준비는 다 됐어요?

깨우 네. 한국어 능력 시험은 3급을 따 뒀고, 가고 싶은 대학에 원서를 내고 기다리는 중이에요.

유키 그럼 이제 준비는 다 끝난 거네요. 부러워요.

깨우 뭘요. 아직 결과도 안 나왔는데요. 그런데 유키 씨는 앞으로 뭐 할 거예요?

유키 한국의 항공사에서 한번 일해 보고 싶은데 취직할 수 있을지 걱정이에요. 요즘 한국인도 취직하기가 힘들다고 들었거든요.

깨우 유키 씨답지 않게 왜 그래요. 그런 건 걱정해 봤자 소용없어요. 오히려 그 시간에 취업 준비를 더 하는 게 어때요?

유키 깨우 씨 말이 맞네요. 그런데 뭘 어떻게 준비해야 할까요?

깨우 제 선배 중에 승무원이 된 선배가 있는데 외국어를 잘하면 항공사에 취직하는 데 유리하대요. 그러니까 한국어 공부도 하면서 다른 외국어도 좀 배워 두세요. 또 승무원으로 일하려면 체력이 좋아야 한다고 하니까 미리 체력도 길러 두세요.

유키 그래요? 제가 체력은 좋으니까 외국어 공부부터 시작해야겠어요.

깨우 참, 회사마다 채용 조건과 채용 시기가 다르니까 취직하고 싶은 회사의 채용 조건을 알아 두고 수시로 홈페이지를 확인해 보는 것도 좋을 거예요.

유키 알겠어요. 깨우 씨 말이 도움이 많이 됐어요. 잘 준비해 볼게요.

깨우 네, 준비된 자에게 기회가 온다고 하잖아요. 유키 씨는 잘할 거예요.

확장

여러분은 앞으로 어떤 계획이 있습니까? 그 계획에 대해 걱정하는 점이 있습니까? 자신의 걱정을 이야기하고 계획을 위해 준비해야 할 것에 대해 말해 보세요.

· 만만하다 · 체력 · 기르다 · 유리하다 · 정교사 · 원서 · 채용하다

Part 2 토의해 봅시다

후회 없는 진로 선택을 위한 방법에 대해 토의하기

01 다음을 보고 함께 이야기해 보세요.

재능 / 현재의 경제적 여건 / 보수 / 흥미와 적성 / 나이 / 장래성 / 주변의 기대 / 사회적 명성

(1) 위에서 진로를 선택할 때 꼭 고려해야 할 것들을 세 가지 고르세요. 그리고 그렇게 생각하는 이유도 말해 보세요.

(2) 이 외에도 우리가 진로를 선택할 때 영향을 주는 것들을 생각해 보세요.

02 다음 문제에 대해서 자신의 생각을 바탕으로 토의해 보세요.

(1) 다음 사례에서 두 사람이 진로 선택 시 영향을 받은 것, 그리고 현재의 문제와 진로 선택 시 고려하지 못한 것 등에 대해 이야기해 보세요.

대기업에 다니는 박은우 씨(남, 39세)

박은우 씨는 대학에 진학할 때 자신의 흥미와 적성보다는 주변의 의견을 따라 취업에 유리하다는 학과에 지원했다. 졸업 후 남들이 부러워하는 대기업에 취직해서 높은 연봉을 받고 있다. 가족이 경제적으로 안정된 삶을 살 수 있다는 것은 장점이지만 매일 적성에 맞지 않는 일을 하는 것에 지쳐 있다.

무명 가수로 활동 중인 김진호 씨(남, 37세)

김진호 씨는 학창 시절부터 음악 외의 다른 것에는 관심이 없었다. 주변 사람들이 앞날의 경제적인 문제를 걱정했지만 자신의 뜻을 굽히지 않고 음악인의 길을 선택했다. 그 후로 음악 활동을 하며 자유롭게 살았으나 고정적인 수입이 없어서 경제적 여유가 없었다. 혼자일 때는 크게 고민하지 않았지만 결혼 후 가장이 되자 현실적인 문제에 부딪혔다.

	박은우	김진호
진로 선택 시 가장 큰 영향을 준 것		
현재의 문제		
진로 선택 시 고려하지 못한 것		

- 장래성
- 명성
- 여건
- 사례
- 연봉
- 뜻을 굽히다
- 고정적이다
- 수입
- 가장

(2) 후회 없는 진로 선택을 하기 위해 어떻게 해야 할까요?

후회 없는 진로 선택을 위한 방법
• 다른 사람의 의견을 듣더라도 자신의 주관을 가지고 진로를 결정한다. • 인턴 과정이나 아르바이트를 통해서 자신이 관심 있는 분야의 일을 경험해 본다. • • • •

03 두 사람의 사례를 보면 진로 선택은 어떻게 하는 것이 좋습니까? 후회 없는 진로 선택 방법에 대해 토의한 내용을 바탕으로 정리해서 써 보세요.

토의 표현

상대방과 다른 의견 제시하기

- 제 생각은 좀 다른데요
- 저는 좀 다른 의견인데요
- 저는 ~와/과 생각이 좀 다릅니다
- 저는 ~의 의견에 동의할 수 없는데요

예

A 저는 진로를 선택하기 전에 주변 사람들의 충고를 많이 들을수록 올바른 선택을 하게 된다고 생각합니다.

B 제 생각은 좀 다른데요. 자신이 원하는 것에 대해서 깊이 생각해 보지 않는다면 다른 사람의 의견을 들을 때마다 더 혼란스러워질 겁니다.

Part 2

들어 봅시다

제2의 인생을 시작한 사람과의 인터뷰 듣기

01 다음 기사의 주인공에게는 어떤 변화가 있었습니까? 함께 이야기해 보세요.

오늘 만난 사람

대기업 생활을 접고 53세의 늦은 나이에 연극배우로 변신한 김영민 씨

국내 대기업을 다니던 김 씨는 최근 회사를 퇴직한 뒤 대학로에서 연극배우로 활약하고 있다. 그는 53세의 나이로 연극배우가 된다는 것이 쉬운 결정이 아니었지만 회사를 떠나 새로운 도전을 하고 싶었으며 열정만 있다면 나이가 들어도 못 할 게 없다고 말했다. 김 씨는 53년간 느껴 보지 못했던 새로운 성취감을 얻었다면서 이제는 무슨 일이든지 할 수 있을 것 같다며 환하게 웃었다.

02 다음은 제2의 인생을 시작한 사람을 인터뷰하는 라디오 프로그램입니다. 듣고 물음에 답하세요. 26

(1) 박은우에 대한 설명으로 맞는 것을 고르세요.

① 일한 지 20년이 된 직장에서 계속 일하고 있다.
② 자신의 못 이룬 꿈을 실현하기 위해서 앨범을 만들었다.
③ 최근 전공을 살려서 일하게 된 것에 대해 만족감이 크다.
④ 데뷔는 일찍 했지만 직장 생활을 하느라고 활동을 하지 못했다.

(2) 듣고 맞는 것에 ✔표 하세요.

① 박은우는 직장 생활의 경험에 대해 긍정적으로 생각한다. 네 ____ 아니요 ____

② 박은우는 곡을 만들 때 자신이 얻을 인기에 대해 예상했다. 네 ____ 아니요 ____

③ 박은우는 자신이 좋아하는 일을 더 일찍 시작하지 못한 것에 대해 후회한다. 네 ____ 아니요 ____

(3) 박은우가 도전을 망설이는 직장인들에게 당부한 것은 무엇입니까?

· 활약하다
· 성취감
· 실현하다
· 데뷔

03 여러분이 아는 제2의 인생을 시작한 사람에 대한 예가 있습니까? 여러분은 나이가 든 후에 진로를 변경하는 것에 대해 어떻게 생각하는지 이야기해 보세요.

Part 3 읽어 봅시다

개인의 특성과 직업에 대한 분류의 글 읽기

01 다음을 보고 자신의 특성에 가장 잘 맞는 것을 세 가지 고르세요. 그리고 자신이 어떤 유형에 속하는지 함께 이야기해 보세요.

(가)	상상하는 것을 즐기며 창의적이다.	
(나)	다른 사람들을 돕는 것을 좋아한다.	
(다)	변화보다는 안정적인 것을 추구한다.	
(라)	다른 사람들을 설득하는 능력이 있다.	
(마)	미적 감각이 있다는 이야기를 종종 듣는다.	
(바)	주변 정리를 잘하고 기록하는 것을 좋아한다.	
(사)	경쟁을 좋아하며 도전한 만큼 보상받기를 바란다.	
(아)	같은 일을 하는 것보다 새로운 일을 하기를 좋아한다.	
(자)	어떤 일을 할 때 정해진 계획과 순서가 있는 것이 좋다.	
(차)	자신이 주도해서 일을 계획하고 진행하는 것을 좋아한다.	
(카)	혼자 일하는 것보다 여러 사람과 어울리며 일하는 것이 좋다.	
(타)	생각이나 자신의 의견을 다른 사람들에게 표현하는 것을 좋아한다.	

(나), (카), (타)	사교형	(라), (사), (차)	성취형
(가), (마), (아)	예술형	(다), (바), (자)	사무형

(1) 여러분은 어떤 유형입니까? 자신의 특성과 유형이 잘 맞는 것 같습니까?

(2) 각 유형에 어울리는 직업으로는 무엇이 있을까요? 여러분이 아는 직업을 함께 이야기해 보세요.

유형	어울리는 직업
사교형	
성취형	
예술형	
사무형	

· 창의적
· 추구하다
· 미적
· 기록하다
· 주도하다

Part 3

읽어 봅시다

02 다음은 개인의 특성과 직업에 대한 글입니다. 읽고 물음에 답하세요. 27

나에게 맞는 직업은?

현대 사회에서 우리는 셀 수도 없이 다양한 종류의 직업을 대하며 살아간다. 다양한 종류의 직업이 존재한다는 것은 직업 선택의 폭이 넓다는 것을 보여 주는 것이기도 하지만 자신에게 맞는 한 가지를 선택하기가 어렵다는 것을 의미하기도 한다. 그러나 자신의 특성을 잘 파악해서 어떤 유형의 사람인지 안다면 자신에게 잘 맞는 직업을 찾아낼 수 있을 것이다.

우리 주변에는 사람 만나기를 좋아하고 처음 만나는 사람과도 어려움 없이 금방 친해지는 사람들이 있다. 이 사람들은 사교형으로 분류할 수 있다. 사교형의 사람들은 대인 관계에 대한 스트레스가 비교적 적어서 다른 사람과 어울리며 하는 일이나 타인에게 도움을 주는 일을 잘 할 수 있다. 이러한 유형에 속하는 직업으로는 간호사, 교육자, 상담가 등이 있다.

경쟁하기를 좋아하며 자신의 노력을 인정받기를 원하는 사람들은 성취형으로 분류될 수 있다. 성취형의 사람들이 가장 성취감을 느낄 때는 자신이 무언가를 위해 열심히 노력한 끝에 좋은 결과를 얻었을 때이다. 그리고 자신의 성취 결과에 대해 칭찬을 받을 때 앞으로 더욱 열심히 일할 힘을 얻는다. 반대로 자신의 노력에 대해 보상을 충분히 받지 못하면 사기가 떨어져 의욕을 상실하기도 한다. 이러한 유형에는 기업 경영인, 정치가, 영업 사원 등의 직업이 속한다.

또 다른 유형으로는 예술형이 있다. 이 유형에 어울리는 직업으로는 디자이너, 배우, 작가 등이 대표적이다. 예술형의 사람들은 상상하는 것을 즐기며 새로운 일을 하기를 좋아한다. 틀에 박힌 것을 싫어하고 자신의 개성을 표현하기를 좋아해서 조직 생활을 힘들어하는 경우도 있다. 그리고 같은 일을 하더라도 자신만의 방식으로 일할 때 더 재미를 느낀다.

예술형과는 달리, 일을 할 때 정해진 규칙과 순서가 있는 것을 좋아하는 사람들이 있다. 사무형으로 분류되는 이 사람들은 변화보다는 안정을 추구하기 때문에 자신이 해 왔던 대로 일 처리를 하는 것을 좋아한다. 한편, 일이 평소와 다른 방식으로 진행될 경우 혼란을 느낄 수도 있다. 이 유형에 속하는 직업으로는 꼼꼼함과 신중함이 요구되는 사무직 회사원, 공무원, 공인 회계사 등이 있다.

위의 네 가지 유형에서 자신의 특성을 확인해 보는 것은 진로를 탐색하고 있는 사람뿐만 아니라 진로 선택을 마친 후 이미 일을 하고 있는 사람에게도 의미가 있다. 자신이 가진 특성이 어떤 일을 할 때 장점이 되는지 안다면 직업을 선택하는 데 도움이 될 것이며 이미 일을 하고 있는 사람은 자신의 직업에서 요구되는 특성을 되짚어 보며 일을 효과적으로 할 수 있을 것이다.

- 대하다
- 파악하다
- 비교적
- 사기
- 상실하다
- 틀에 박히다
- 조직
- 혼란
- 탐색하다
- 되짚다

(1) 글을 읽고 분류의 기준이 무엇인지 찾아보세요.

(2) 각 유형의 사람들이 가진 특성을 써 보세요.

유형	특성
사교형	사람 만나기를 좋아하고 처음 만나는 사람과 쉽게 친해진다.
성취형	
예술형	
사무형	

(3) 다음은 각 유형의 사람들이 일하는 방식에 대한 설명입니다. 글의 내용과 다른 것을 고르세요.

① 사교형의 사람들은 타인과 함께 일하기를 어려워한다.
② 성취형의 사람들에게는 일의 결과에 대한 평가가 중요하다.
③ 예술형의 사람들은 자신만의 방식으로 일하는 것을 좋아한다.
④ 사무형의 사람들은 자신이 해 왔던 대로 일을 처리하는 것을 좋아한다.

(4) 글을 읽고 맞는 것에 ✔표 하세요.

① 직업의 종류가 많을수록 자신에게 맞는 직업을 선택하기 쉽다.

네 _____ 아니요 _____

② 예술형과 사무형의 사람들은 변화를 추구한다는 공통점이 있다.

네 _____ 아니요 _____

③ 자신의 유형을 알아보는 과정은 진로 선택을 마친 사람에게도 도움이 된다.

네 _____ 아니요 _____

써 봅시다

개인의 특성과 직업에 대한 분류의 글 쓰기

01 직업에 대해 어떤 생각을 가지고 있는지에 따라 사람들을 여러 가지 유형으로 나눌 수 있습니다. 기준을 정하고 그 기준에 따라 유형을 분류해 보세요.

02 개인의 특성과 직업을 주제로 분류하는 글의 개요를 작성하고 글을 써 보세요.

제목: ____________________

들어가는 말	분류 대상과 기준	
본문	분류 1	
	분류 2	
	분류 3	
	분류 4	
맺는 말	정리	

Tip 분류의 글 쓰기

분류의 글은 어떤 대상을 하나의 기준에 따라 유형을 나누어서 쓴 글이다. 분류의 글을 쓸 때는 다음 사항에 유의하여 쓴다.

- 먼저 무엇을 분류의 기준으로 할 것인지 분류의 기준을 명확히 정한다.
- 분류의 기준에 따라 서너 개의 단락을 구성한 후, 특성을 자세히 설명한다.

관용 표현

속이 타다 / 물 건너가다 / 발 뻗고 자다

28

01 다음 표현의 의미를 추측해 보고 맞는 것을 찾아 연결해 보세요.

(1)	속이 타다	•	• 어떤 불안한 것이 사라져서 마음을 편히 가지게 되다.
(2)	물 건너가다	•	• 걱정이 있어서 마음에 불이 붙는 듯한 느낌이 들다.
(3)	발 뻗고 자다	•	• 일의 상황이 끝나 버려서 어떠한 방법을 할 수 없다.

02 관용 표현을 사용해서 대화를 완성해 보세요.

(1) A : 아드님이 드디어 결혼한다면서요? 축하드려요.
B : 네. 그동안 결혼할 생각을 안 해서 걱정했는데 이제 좋은 짝을 찾았으니
____________________.

(2) A : 마틴 씨, 일자리를 찾고 있죠? 게시판을 보니까 아르바이트 할 사람을 급하게 구하던데 연락해 봤어요?
B : 아, 그거요. 벌써 ____________________. 전화해서 물어보니까 그새 사람을 뽑았더라고요.

(3) A : 공항에서 여권을 잃어버려서 비행기를 못 탈 뻔했다면서요?
B : 네. 비행기를 못 탈까 봐 얼마나 ____________________ 몰라요.

03 다음 상황에 맞게 관용 표현을 사용해서 대화를 완성해 보세요.

(1) A: 깨우 씨, 저 오늘 원서 내고 왔어요. 이제 취업 준비는 다 끝났어요.
B: ____________________.

(2) A: 유나 씨, 지난달에 말했던 그 친구 저한테 소개해 줄 수 있어요? 그 친구 아직 남자 친구 안 생겼죠?
B: ____________________.

(3) A: 노트북은 찾았어요? 그 안에 중요한 자료가 다 들어 있다고 했잖아요.
B: ____________________.

문화와 생활

시대별 인기 학과

한국에서 인기 있는 학과는 어디일까? 시대별로 살펴보면 인기 있는 학과는 계속 변화되었으며 이러한 변화는 산업의 발전이나 사회의 분위기와 무관하지 않다.

1960년대부터 1980년대까지는 공학과의 인기가 높았다. 1960~1970년대에는 비료 회사나 화학 회사에 취직하기 쉬운 화학공학과의 인기가 대단했다. 또한 외국과의 수교가 활발해지면서 외교학과와 외국어학과가 인기를 얻었다. 중공업이 발달하고 컴퓨터가 등장한 1980년대에는 물리학과나 컴퓨터공학과의 인기가 높았다. 또한 컬러 텔레비전의 등장으로 방송 산업이 발전함에 따라 신문방송학과도 많은 인기를 얻었다. 1980년대부터 전문 직종에 대한 인식이 높아지면서 법학과와 치·의예과의 인기가 굉장히 높아졌으며 지금까지 그 인기는 식지 않고 있다. 1990년대 이후에는 산업이 다양한 분야로 발전함에 따라 여러 분야에서 새로운 학과가 생겨났고 글로벌 사회의 형성과 더불어 국제 관련 학과가 등장하기 시작했다. 2000년대 이후에는 전공이 전문화되고 세분화되면서 실용 학문을 가르치는 학과가 등장한 것이 특징이다.

앞으로도 새로운 직업의 분야가 개척될수록 우리가 몰랐던 새로운 전공은 계속 나타날 것이며 예상하지 못한 또 다른 학과가 인기를 얻을 것이다.

01 한국에서는 시대별로 어떤 학과가 인기 있었습니까?

02 여러분 나라에도 인기 있는 학과가 있습니까? 함께 이야기해 보세요.

바람에게도 길이 있다(시)

01 여러분은 '바람'이라고 하면 무엇이 떠오릅니까?

02 다음 시에서 시인이 말하려고 하는 것은 무엇인지 생각하면서 감상해 보세요.

바람에게도 길이 있다

천상병(1930~1993)

강하게 때론 약하게
함부로 부는 바람인 줄 알아도
아니다! 그런 것이 아니다!

보이지 않는 길을
바람은 용케 찾아간다
바람길은 사통팔달이다.

나는 비로소 나의 길을 가는데
바람은 바람길을 간다.
길은 언제나 어디에나 있다.

『창작과 비평』 겨울호, 창비, 1978

(1) 이 시에서 작가가 말하려고 하는 중심 생각이 들어간 문장을 찾고 그 의미를 이야기해 보세요.

(2) 이 시의 소재로 바람이 쓰인 이유는 무엇일까요? 바람이 가진 특성을 생각해서 함께 이야기해 보세요.

03 '바람'이 아닌 다른 소재 중에서 이 시의 느낌을 표현할 수 있는 것을 찾아 제목을 지어 보세요. 그리고 그 이유도 말해 보세요.

______________________ 에(게)도 길이 있다.

· 용케 · 사통팔달 · 비로소

제5과

여행과 축제

제 5 과 여행과 축제

Part 1
준비합시다 — **1** -거든 **2** -(으)ㄹ 겸 **3** -(으)ㄴ/는 탓
말해 봅시다 — 친구의 조건에 맞는 여행지와 숙소 추천하기

Part 2
토의해 봅시다 — 성공적인 축제를 만드는 방법에 대해 토의하기
들어 봅시다 — 안동 탈춤 축제에 대한 광고 듣기

Part 3
읽어 봅시다 — 한국 전통 테마 여행에 대한 기고의 글 읽기
써 봅시다 — 테마 여행에 대한 기고의 글 쓰기
관용 표현 — 눈에 선하다 / 발이 묶이다 / 바가지를 쓰다

CULTURE & LITERATURE
문화와 생활 — 한국인과 여행
문학 기행 — 「메밀꽃 필 무렵」(소설)

Part 1

준비합시다

01 -거든

29

친구가 스트레스를 풀고 싶어 합니다. 친구의 상황과 조건에 맞게 여행을 가라고 조언할 때 어떻게 말할까요?

A 너무 바빠서 스트레스가 쌓여요. 스트레스를 좀 풀고 싶은데 어떻게 하면 좋을까요?

B 스트레스를 풀고 싶거든 일주일 정도 휴가를 내서 여행을 다녀오는 건 어때요?

문법

'A/V + 거든'은 조건과 가정의 의미를 나타낸다. '-(으)면'과 의미가 비슷하지만 주로 명령문과 청유문에 사용된다.

예 좀 기다렸다가 비가 그치거든 출발합시다. 자리를 비운 사이에 전화가 오거든 좀 받아 주세요.

연습

여행을 계획하고 있습니다. 다음 고민에 대해 조건에 맞게 '-거든'을 사용해서 말해 보세요.

	여행 계획	고민	조건
보기	여행 형태	자유 여행 / 패키지여행	여행 정보를 많이 알고 있다 / 여행을 준비할 시간이 없다
①	일행	혼자 / 친구들	조용히 쉬고 싶다 / 여러 사람들과 즐겁게 놀고 싶다
②	숙박	호텔 / 펜션	서비스를 잘 받고 싶다 / 편안함을 느끼고 싶다
③	교통	자가용 / 기차	시간에 구애 받지 않고 싶다 / 편하게 경치를 즐기고 싶다
④	여행지	산 / 바닷가	등산을 좋아하다 / 수영을 하고 싶다

A 자유 여행을 할지 패키지여행을 할지 아직 결정을 못 하고 있어요.

B 여행 정보를 많이 알고 있거든 자유 여행을 하고, 여행을 준비할 시간이 없거든 패키지여행을 하는 게 좋아요.

· 구애(를) 받다

02 -(으)ㄹ 겸

30

여행을 가서 구경도 하고 맛있는 음식도 먹으려고 합니다. 두 가지 이상의 목적을 함께 말할 때 어떻게 말할까요?

A 이번 휴가에 어디로 갈 거예요?

B 구경도 하고 맛있는 음식도 먹을 겸 제주도에 다녀오려고 해요.

문법

'V+(으)ㄹ 겸'은 앞 동작과 뒤에 나오는 동작이나 행위가 함께 이루어짐을 의미한다. '-(으)ㄹ 겸 해서'를 사용하기도 한다.

예 돈도 벌고 취미 생활도 할 겸 빵집을 차렸어요.
친구들의 얼굴도 보고 소식도 들을 겸 해서 동창회에 참석했어요.

연습

다음의 행동을 한 목적을 찾은 후 '-(으)ㄹ 겸'을 사용해서 말해 보세요.

	행동
보기	한국 영화를 자주 보다
①	부산에 가다
②	야구장에 가다
③	아르바이트를 하다
④	자전거로 출퇴근을 하다

목적
돈을 벌다 경험을 쌓다 싱싱한 회를 먹다
운동을 하다 일상 언어를 배우다 기름값을 절약하다
경기를 보다 바다를 구경하다
문화생활을 하다 응원하면서 스트레스를 풀다

· 차리다
· 응원하다

A 왜 한국 영화를 자주 봐요?

B 일상 언어도 배우고 문화생활도 할 겸 해서 한국 영화를 자주 봐요.

03 -(으)ㄴ/는 탓

31

등산 계획이 날씨 때문에 취소되었습니다. 부정적 결과의 원인을 말할 때 어떻게 말할까요?

A 왜 기분이 안 좋아요? 무슨 일 있어요?

B 오늘 등산 간다고 기대를 많이 했는데 날씨가 안 좋은 탓에 취소됐어요. 너무 속상해요.

문법

'A/V+(으)ㄴ/는 탓'은 앞 내용이 뒤의 부정적인 현상이 생겨난 원인임을 나타낸다. 주로 '-(으)ㄴ/는 탓에', '-(으)ㄴ/는 탓으로', '-(으)ㄴ/는 탓이다'의 형태로 쓰이며, 명사 뒤에서는 'N+탓'의 형태로 쓰인다.

예 날씨가 추운 탓에 감기에 걸렸어요.　　아이가 음식을 가려 먹는 탓으로 키가 크지 않아요.

· 가려 먹다

연습

다음은 빠쿤의 일기입니다. 각 사건의 원인을 찾아 '-(으)ㄴ/는 탓'을 사용해서 글을 완성해 보세요.

늦잠을 자다　지각하다　서두르다　아침을 못 먹다　지하철을 놓치다

3월 8일 월요일. 날씨 맑음 ☺ 내 기분은 흐림 ☹

오늘은 아침에 늦게 일어났다. 늦잠을 잔 탓에 아침을 먹지 못했다. 급한 마음에 뛰어가다가 지하철 계단에서 넘어졌다. 그래서 지하철을 못 탔다. ________________ 결국 학교에 늦었다. ________________ 수업의 앞 내용을 듣지 못했다. 공부하는 중에 계속 배에서 꼬르륵 소리가 났다. ____________________. 그래서 수업이 끝나자마자 빨리 식당으로 달려갔다. 그런데 지갑이 없었다. ________________ 지갑을 집에 놓고 온 것이었다. 어쩔 수 없이 배고픔을 참고 집에 올 수밖에 없었다. 오늘은 정말 힘든 하루였다.

말해 봅시다

친구의 조건에 맞는 여행지와 숙소 추천하기

수진 친구가 원하는 여행지와 숙소에 대해서 묻고 친구의 상황에 맞는 여행지와 숙소를 추천해 주세요.

사라 주말에 서울을 벗어나 바다로 1박 2일 여행을 가려고 합니다. 친구에게 여행지와 숙소에 대해 물어보세요.

Try it! 다음 대화 틀을 따라 대화를 구성해 보세요.

	수진	사라
1	주말 계획 묻기	**여행 계획 말하고 여행지 추천 부탁하기**
2	**조건에 맞는 여행지 추천하고 거기에서 할 수 있는 일 말하기**	여행 기간 말하고 숙소에 대해 묻기
3	누구랑 같이 가는지 묻기	일행 말하고 원하는 숙소 조건 말하기
4	**조건에 맞는 숙소 추천하고 좋은 점 말하기**	숙박비에 대한 걱정 말하기
5	여행 시기에 따른 숙박비 정보 주기	여행지 정보 얻는 방법 묻기
6	정보 구하는 방법 알려 주기	

Part 1

말해 봅시다

주말 계획과 목적 말하기

머리도 식힐 겸 해서 여행을 가려고요.

바람도 쐴 겸 해서 여행을 가려고 해요.

기분 전환도 할 겸 해서 여행을 갈까 해요.

바람도 쐴 겸 기분 전환도 할 겸 해서 여행 좀 다녀오려고요.

조건에 맞는 여행지 추천하기

바다를 보고 싶거든 안면도로 가세요.

바다를 보고 싶으면 안면도가 딱 좋아요.

바다를 보기에는 안면도만 한 곳이 없지요.

응용 맑은 공기를 마시고 싶다 – 수목원

낭만적인 데이트를 하고 싶다 – 남이섬

조건에 맞는 숙소 추천하기

A 우리 반 친구들과 같이 가서 맛있는 음식도 만들어 먹고 신나게 놀다 오고 싶어요.

B 여러 명이 같이 가서 음식도 만들어 먹고 싶거든 펜션으로 가세요.

응용 좋은 서비스를 받고 싶다 – 호텔

한국 사람의 정을 느끼고 싶다 – 민박

호텔과 같은 서비스를 받으며 음식도 만들어 먹고 싶다 – 콘도

숙소의 좋은 점 말하기

펜션은 일행이 많아도 한집에서 다 같이 잘 수 있고 다른 사람들의 방해 없이 편안하게 여행을 즐길 수 있어서 좋아요.

응용 호텔 – 깨끗하고 고급스럽다

민박 – 숙박비가 아주 저렴하다

콘도 – 수영장, 사우나 등 부대시설이 다양하다

대화

32

수진 이번 주말에 뭐 할 거예요?

사라 바람도 쐴 겸 해서 여행을 가려고 해요. 오랜만에 바다도 보고 싶은데 어디 좋은 데 없을까요?

수진 그래요? 바다를 보고 싶거든 안면도로 가세요. 안면도는 서해에 있는데 서울에서 가까운 데다가 해넘이도 볼 수 있고 갯벌에서 조개도 잡을 수 있어요.

사라 아, 그러면 안면도가 좋겠네요. 하룻밤쯤 자고 오고 싶은데 숙소는 어때요? 잘 만한 곳이 있을까요?

수진 그럼요. 안면도에는 호텔, 펜션, 민박, 콘도 등 다양한 숙소가 있어요. 그런데 누구랑 같이 갈 건데요?

사라 우리 반 친구들과 같이 가려고요. 가서 맛있는 음식도 만들어 먹고 신나게 놀다 오고 싶어요.

수진 여러 명이 같이 가서 음식도 만들어 먹고 싶거든 펜션으로 가세요. 펜션은 일행이 많아도 한집에서 다 같이 잘 수 있고 바비큐 파티도 할 수 있어요. 그리고 다른 사람들의 방해 없이 편안하게 여행을 즐길 수 있어서 좋아요.

사라 그래요? 그러면 숙박비가 좀 비싸지 않을까요?

수진 글쎄요. 성수기 때는 좀 비싸지만 지금은 비수기니까 별로 비싸지 않을 거예요. 자세한 것은 한번 알아보세요.

사라 어디에서 알아볼 수 있을까요?

수진 인터넷 검색 사이트에 '안면도'라고 치면 교통편이며 유명한 관광지, 숙소에 대한 정보까지 다 나올 거예요.

사라 그래요? 그럼 빨리 가서 한번 찾아봐야겠어요.

확장

여러분이 알고 있는 좋은 여행지가 있습니까? 거기에서 무엇을 할 수 있습니까? 친구가 원하는 조건에 맞게 좋은 여행지를 추천해 주세요.

· 머리를 식히다 · 안면도 · 수목원 · 낭만적 · 남이섬 · 민박 · 고급스럽다 · 부대시설 · 서해 · 갯벌
· 성수기 · 비수기

Part 2

토의해 봅시다

성공적인 축제를 만드는 방법에 대해 토의하기

01 다음은 세계 여러 나라의 유명한 축제입니다. 함께 이야기해 보세요.

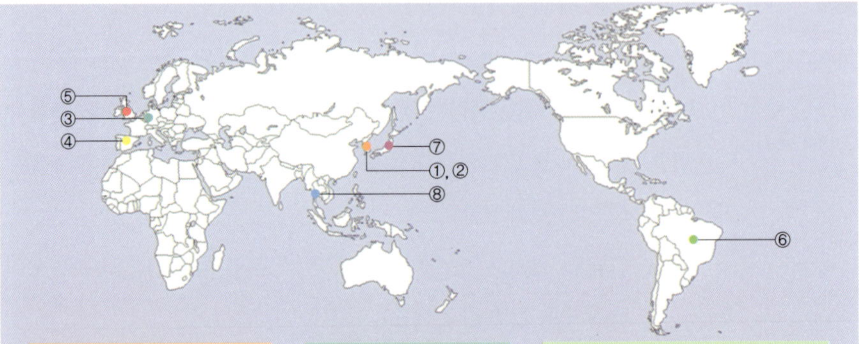

(1) 세계의 유명한 축제에는 어떤 축제들이 있습니까? 그리고 그 축제에서는 무엇을 할까요?

(2) 여러분은 어떤 축제에 가고 싶습니까? 그 이유는 무엇입니까?

02 다음에 대해서 자신의 생각을 바탕으로 토의해 보세요.

(1) 축제를 통해서 얻을 수 있는 긍정적, 부정적인 것들과 모든 사람들이 즐길 수 있는 성공적인 축제를 만들려면 어떻게 해야 되는지 친구들과 이야기해 보세요.

긍정적인 면	부정적인 면
• 색다른 즐거움을 경험할 수 있다.	• 안전사고가 일어날 수 있다.
• 일상에서 벗어나 해방감을 느낄 수 있다.	• 축제 동원으로 인력, 자원의 낭비가 있다.
•	•

성공적인 축제를 만드는 방법
•
•

· 해방감
· 동원되다
· 인력
· 자원
· 낭비

(2) 여러분이 성공적인 축제를 만든다면 어떤 축제를 만들고 싶습니까? 축제의 이름, 대상, 시기, 지역, 목적, 내용 등을 함께 구성해 보세요.

이름		대상	
시기		지역	
목적			
프로그램 내용			

03 축제에 참여하는 이유와 축제를 통해 얻을 수 있는 긍정적, 부정적 영향들에는 무엇이 있을지 토의한 내용을 바탕으로 정리해서 써 보세요.

토의 표현

인정하면서 다른 의견 말하기

- ~기는 하(겠)지만
- ~다는 점은 인정하지만
- ~다는 의견도 설득력이 있지만
- ~은/는데 그렇지 않은 경우도 있는 것 같다

예

A 성공적인 축제를 만들기 위해서는 무엇보다 홍보를 잘 해야 합니다.

B 물론 홍보를 잘 하는 것도 중요하기는 하지만 다채로운 행사로 축제에 참여하는 사람들을 만족시키는 것이 더 중요하다고 생각합니다.

Part 2

들어 봅시다

안동 탈춤 축제에 대한 광고 듣기

01 다음은 한국의 한 지역 축제에 대한 사진입니다. 어떤 축제이며 축제에서 무엇을 할 수 있는지 함께 이야기해 보세요.

02 다음은 안동 탈춤 축제에 대한 광고입니다. 잘 듣고 물음에 답하세요. 33

(1) 탈춤에 대한 설명으로 맞지 않는 것은 무엇입니까?

① 탈춤은 실내 공연장에서 공연된다.

② 탈의 모양에 따라 성격이 결정된다.

③ 관객과 공연자가 분리되어 있지 않다.

④ 나이와 상관없이 모두가 즐길 수 있는 공연이다.

(2) 안동 탈춤 축제에 대한 설명으로 맞지 않는 것은 무엇입니까?

① 민속 공연, 인형극을 볼 수 있다.

② 세계 각국의 탈을 관람할 수 있다.

③ 안동 지역의 음식을 시식할 수 있다.

④ 판소리와 같은 문화 행사에 참여할 수 있다.

(3) 듣고 맞는 것에 ✔표 하세요.

① 탈을 써 보는 체험은 색다른 경험이 될 것이다. 네 ____ 아니요 ____

② 이번 축제는 왕이 되는 마법이라는 주제로 열흘간 열린다. 네 ____ 아니요 ____

③ 이번 축제 기간 동안 여러 나라의 대통령들이 안동을 방문한다. 네 ____ 아니요 ____

- 객석
- 인형극
- 마술
- 시식

03 여러분 나라에도 탈춤 축제가 있습니까? 친구들과 이야기해 보세요.

Part 3

읽어 봅시다

한국 전통 테마 여행에 대한 기고의 글 읽기

01 다음은 한국의 여러 지역을 테마에 따라 소개한 잡지의 일부분입니다. 다음을 보고 함께 이야기해 보세요.

맛 따라 멋 따라

전라도 한정식
전라도 지역 어디에서나 쉽게 만날 수 있는 푸짐하고 맛있는 한정식

속초 해산물
청정 바다에서만 맛볼 수 있는 신선한 해산물의 천국

한국의 전통을 찾아서

한옥 마을 체험
여행의 휴식과 함께 한옥에서 한국 전통을 체험하고 이해하는 시간

사찰 문화 체험
지친 몸과 정신을 재충전할 수 있는 정신적 수양의 시간

여기가 한국의 패션 중심지

동대문 패션 타운
저렴하면서도 한발 앞선 유행을 만날 수 있는 한국 최대의 패션 시장

신사동 가로수길
식상한 디자인에서 벗어나 개성이 넘치는 패션의 거리

- 푸짐하다
- 청정
- 사찰
- 재충전
- 수양
- 한발 앞서다

(1) 각각 어떤 테마에 따라 소개하고 있습니까?

(2) 이곳에 가면 각각 어떤 경험을 할 수 있을까요? 함께 이야기해 보세요.

Part 3

읽어 봅시다

02 다음은 한국의 전통을 테마로 한 여행을 소개하는 글입니다. 읽고 물음에 답하세요. 34

타임머신을 타고 만나는 한국의 옛 문화

최근 들어 새로운 여행 형태인 테마 여행이 주목을 받고 있다. 기존의 여행이 볼거리, 먹을거리 중심이었다면 테마 여행은 여행자의 목적과 의도에 따라 자신이 계획해서 만들어 가는 여행이다. 사람들이 선호하는 여행 테마의 예는 음식, 패션, 역사, 드라마, 한국 전통 등과 같이 다양하다. 그 중에서도 '한국 전통'에 초점을 둔 여행으로는 한옥 마을 체험, 사찰 문화 체험 등이 있다. 이 여행을 통해 한국의 옛 문화를 알 수도 있고, 지나치게 빠른 일상의 속도에 여유를 줄 수 있다.

먼저 한옥 마을 체험은 체험자들이 한옥의 온돌 바닥에서 잠을 자며 생활하는 여행이다. 체험자들은 편안히 쉴 수도 있고 한국의 전통 주거 문화를 이해할 수도 있다. 아파트와 같은 콘크리트가 아닌 돌과 흙, 나무로 지어진 한옥에서는 자연 친화적인 한국의 옛 모습을 느낄 수 있다. 체험자들은 한복을 입고 한국의 전통 예절도 배우고, 김치, 비빔밥 등 한국의 요리도 만들어 본다. 이와 같은 체험으로 한국의 전통 문화를 이해하는 시간을 갖는다. 따라서 이 여행은 한국 문화에 관심이 많은 외국인은 물론, 한국의 전통 문화를 체험해 보고 싶은 어린 자녀들이 있는 가족들에게도 환영받을 수 있는 여행이다. 서울에서 체험할 수 있는 곳은 북촌 한옥 마을이 대표적이다.

또한 요즘 각광을 받기 시작한 사찰 문화 체험은 불교문화가 잘 보존된 사찰에서 불교문화를 체험하는 여행이다. 이 여행은 일상의 치열한 경쟁 탓에 지친 심신을 재충전할 수도 있고 불교문화를 체험할 수도 있다. 체험자들은 자신의 마음을 다스리는 명상, 다도, 서예와 같은 정신적 수양의 시간을 갖는다. 체험자들은 사찰과 자연과의 조화 속에서 마음의 휴식과 오랜 역사를 지닌 한국의 불교문화를 경험하는 시간을 갖는다. 그래서 이 여행은 일상의 속도에서 벗어나 한 박자 쉬면서 정신적인 여유를 되찾기 원하는 지친 현대인과 불교문화에 관심이 있는 사람들에게 도움이 될 수 있다. 서울에서 사찰 문화를 체험하고 싶다면 봉은사에 가 보는 것도 좋다.

모든 여행은 그 형태와 종류에 상관없이 일상생활에 휴식과 즐거움을 준다. 그렇지만 나만의 여행을 계획하는 사람이 있다면 이런 테마 여행을 통해 색다른 경험을 할 수 있을 것이다. 특히 한국의 옛날 문화에 관심이 있다면 한옥 마을 체험과 사찰 문화 체험을 해 보는 것은 어떨까.

- 의도
- 주거
- 콘크리트
- 자연 친화적
- 각광을 받다
- 불교
- 보존되다
- 심신
- 치열하다
- 다스리다
- 명상
- 다도
- 서예

(1) 이 글의 2~3번째 단락을 읽고 다음 빈 칸을 채우세요.

여행 이름	정의	활동	대상
한옥 마을 체험	•	• 한복 입기 • •	• •
	• 불교문화가 잘 보존된 사찰에서 불교문화를 체험하는 여행	• • • 서예	• •

(2) 다음 중 이 글의 내용과 일치하는 것을 고르세요.

① 한옥은 현대적인 소재로 만든 한국의 전통 집이다.

② 최근 불교문회에 관심을 갖는 현대인들이 늘고 있다.

③ 사찰 문화 체험은 지친 심신을 재충전할 수 있게 한다.

④ 최근 볼거리, 먹을거리가 잘 준비된 여행이 주목을 받고 있다.

(3) 글을 읽고 맞는 것에 ✔표 하세요.

① 이 여행의 테마는 한국의 전통 문화이다. 네 _____ 아니요 _____

② 사찰 문화 체험으로 한국의 역사를 배울 수 있다. 네 _____ 아니요 _____

③ 한옥 마을 체험으로 현대 주거 문화를 이해할 수 있다. 네 _____ 아니요 _____

(4) 기존의 일반적인 여행과 테마 여행은 어떻게 다릅니까?

Part 3

써 봅시다

테마 여행에 대한 기고의 글 쓰기

01 여러분은 어떤 테마로 여행을 하고 싶습니까? 그 여행을 통해서 어떤 활동을 할 수 있습니까? 또 그 여행을 누구에게 추천해 줄 수 있습니까?

02 테마 여행을 소개하는 글의 개요를 작성하고 글을 써 보세요.

제목: ____________________

들어가는 말	대략적 소개		
본문	테마 여행 1	정의	
		활동	
		대상	
	테마 여행 2	정의	
		활동	
		대상	
맺는 말	위치 및 장소		

Tip **여행 기고의 글 쓰기**

여행 기고의 글은 자신이 다녀온 여행지에 대해 신문이나 잡지에 싣기 위해 쓴 글이다. 여행 기고의 글을 쓸 때에는 다음 사항에 유의하여 쓴다.

- 독자층을 고려해서 흥미를 끌 수 있는 소재를 선택한다.
- 먼저 여행지에 대해 대략적으로 소개한다.
- 여행지에서 할 수 있는 활동과 여행의 특징을 구체적으로 제시한다.
- 마지막으로 여행을 할 수 있게 여행지에 대한 위치와 장소에 대한 정보를 준다.

관용 표현

눈에 선하다 / 발이 묶이다 / 바가지를 쓰다

35

01 다음 표현의 의미를 추측해 보고 맞는 것을 찾아 연결해 보세요.

(1)	눈에 선하다	• •	요금이나 물건 값을 실제 가격보다 비싸게 지불하여 억울하게 손해를 보다.
(2)	발이 묶이다	• •	지난 일이나 물건의 모양이 눈앞에 보이는 듯 기억에 생생하다.
(3)	바가지를 쓰다	• •	어떤 이유 때문에 가지도 오지도 못하게 되다.

02 관용 표현을 사용해서 대화를 완성해 보세요.

(1) A : 큰딸이 유학을 간 지 얼마나 됐어요?
B : 벌써 1년이 됐어요. 우리 애 방을 청소할 때마다 책상에 앉아서 공부하던 모습이 ____________________.

(2) A : 이 청바지 예쁘지? 원래 6만 원인데 가게 주인에게 말을 잘해서 5만 원에 샀어.
B : ____________________. 이거랑 똑같은 청바지 학교 앞에 있는 가게에서 3만5천 원에 팔고 있어.

(3) A : 지금 짙은 안개와 높은 파도 때문에 배 운항이 전면 금지되고 있어서 주민들이 많은 불편을 겪고 있습니다. 주민 한 분과 인터뷰해 보겠습니다.
B : 이 섬에서 이틀 동안 ____________________. 빨리 배가 운항이 됐으면 좋겠습니다.

03 다음 상황에 맞게 관용 표현을 사용해서 대화를 완성해 보세요.

(1) A: 작년 여름에 바닷가로 놀러 갔던 거 기억나?
B: ____________________.

(2) A: 폭설 때문에 비행기가 결항되었다면서?
B: ____________________.

(3) A: 그 티셔츠를 만 원이나 주고 샀어? 나는 똑같은 거 5천 원에 샀어.
B: ____________________.

한국인과 여행

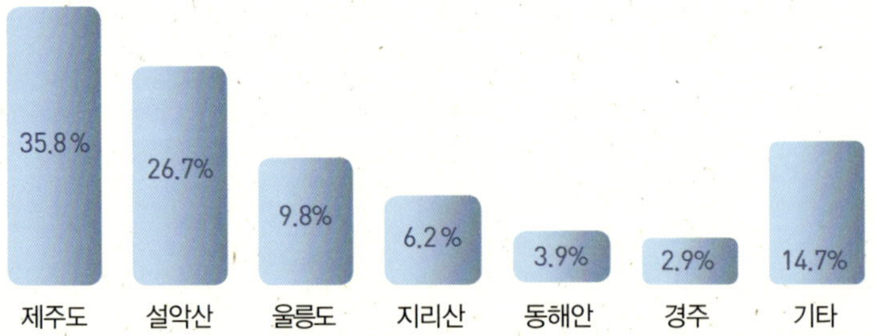

〈여행지 선호도 조사〉

한국 사람들에게 인기가 있는 여행지는 어디일까? 최근 통계청의 발표에 의하면 한국인들에게 가장 인기가 많은 여행지로 제주도가 꼽혔다.

제주도는 한국 남쪽에 위치한 섬 지역으로 감귤과 돌하르방으로 유명한 한국 최대의 관광지이다. 제주도 외에 또 다른 섬 지역인 울릉도도 많은 사랑을 받는 여행지이다. 섬 전체가 화산 지형으로 이루어진 울릉도는 한국인들이 선호하는 세 번째 여행지인데 사람의 손길이 많이 닿지 않아 자연을 그대로 느낄 수 있는 아름다운 명소이다. 천혜의 자연 그대로의 모습을 많이 간직하고 있어 최근 많은 사람들에게 사랑을 받고 있다.

또한 가을 단풍의 대표적인 명소로 손꼽히는 설악산은 한국인들이 가장 즐겨 찾는 두 번째 여행지인데 설악산 주변 고개를 따라 아름다운 산세를 느낄 수 있어서 매년 봄, 가을에는 관광객으로 발 디딜 틈이 없을 만큼 인기가 많다. 지리산은 전라남·북도, 경상남도 등 세 개의 지역에 걸쳐 있는데 '어리석은 사람이 머물면 지혜로운 사람으로 달라진다' 하여 지리산이라 불린다. 산세가 험하지만 그만큼 자연 그대로의 멋을 즐길 수 있는 곳이다.

그 외에도 한국 사람들이 즐겨 찾는 여행지로는 깨끗하고 깊은 바다로 유명한 동해안, 역사가 숨 쉬고 있는 경주를 꼽을 수 있다.

이처럼 한국 사람들은 자연이 주는 아름다움을 가장 잘 느낄 수 있는 지역을 가장 좋은 여행지로 생각하고 있다.

01 한국인들이 선호하는 여행지는 어디이며 그 이유는 무엇입니까?

02 여러분 나라 사람들이 선호하는 여행지는 어디입니까? 선호하는 이유에 대해서 이야기해 보세요.

문학 기행

메밀꽃 필 무렵(소설)

01 여러분 나라에는 '달이 밝은 밤'에 대해 특별한 이미지가 있습니까? 달이 밝은 밤의 느낌은 어떻습니까?

02 다음은 소설의 일부분입니다. 메밀꽃 밭이 주는 느낌을 감상해 보세요.

메밀꽃 필 무렵

이효석(1907~1942)

달밤이었으나 어떻게 해서 그렇게 됐는지 지금 생각해도 도무지 알 수는 없었다.

허 생원은 오늘 밤도 또 그 이야기를 끄집어내려는 것이다. 조 선달은 친구가 된 이래 귀에 못이 박히도록 들어 왔다. 그렇다고 싫증을 낼 수도 없었으나 허 생원은 시침을 떼고 되풀이할 대로는 되풀이하고야 말았다.

"달밤에는 그런 이야기가 격에 맞거든."

조 선달 편을 바라는 보았으나 물론 미안해서가 아니라 달빛에 감동하여서였다. 이지러는 졌으나 보름을 가제 지난 달은 부드러운 빛을 흐붓이 흘리고 있다. 대화까지는 칠십 리의 밤길, 고개를 둘이나 넘고 개울을 하나 건너고 벌판과 산길을 걸어야 된다.

달은 지금 긴 산허리에 걸려 있다. 밤중을 지난 무렵인지 죽은 듯이 고요한 속에서 짐승 같은 달의 숨소리가 손에 잡힐 듯이 들리며, 콩 포기와 옥수수 잎새가 한층 달에 푸르게 젖었다. 산허리는 온통 메밀밭이어서 피기 시작한 꽃이 소금을 뿌린 듯이 흐뭇한 달빛에 숨이 막힐 지경이다.

『조광』 10월호, 조선일보사, 1936

(1) 소설은 하루 중 어느 시간, 어느 곳을 배경으로 하고 있습니까?

(2) 소설의 배경이 잘 드러나는 부분은 어디일까요? 그리고 그 배경이 주는 느낌은 무엇입니까?

03 소설 속에서 허 생원이 말하는 달밤에 어울리는 이야기란 어떤 것일까요?

메밀꽃 · 무렵 · 괴이하다 · 봉평 · 끄집어내다 · 못이 박히도록 · 싫증 · 시침을 떼다 · 되풀이하다 · 격 · 이지러지다 · 가제 · 흐붓이 · 대화 · 칠십 리 · 고개 · 개울 · 벌판 · 짐승 · 포기 · 잎새 · 흐뭇하다

제6과

음식과 건강

제6과 음식과 건강

Part 1	준비합시다	1 -(으)ㄴ/는 셈이다 2 -듯이 3 -고도
	말해 봅시다	건강을 위해 먹는 음식 추천하기
Part 2	토의해 봅시다	건강에 좋은 음식에 내해 토의하기
	들어 봅시다	바른 먹을거리 확인 방법에 대한 강연 듣기
Part 3	읽어 봅시다	맛집 탐방 글 읽기
	써 봅시다	맛집 탐방 글 쓰기
	관용 표현	입이 짧다 / 군침이 돌다 / 간에 기별도 안 가다

CULTURE & LITERATURE

문화와 생활	음식 궁합
문학 기행	「칼국수」(시)

Part 1

준비합시다

01 -(으)ㄴ/는 셈이다

주말 저녁에는 거의 외식을 합니다. 따져 보니까 일주일에 두 번 정도 외식한다는 것을 어떻게 말할까요?

A 유키 씨는 일주일에 몇 번이나 외식해요?

B 주말 저녁에는 거의 외식하니까 일주일에 두 번 정도 하는 셈이에요.

문법

'V+(으)ㄴ/는 셈이다'는 '와/과 거의 마찬가지다'라는 의미로 상황을 따져 보고 결론을 지을 때 사용한다. 명사 뒤에서는 'N+인 셈이다'의 형태로 쓰인다.

예 한 시면 수업이 끝나니까 수업은 오전에만 있는 셈이다.
총 200쪽 중에서 다섯 장이 남았으니까 이 책은 다 읽은 셈이다.

연습

다음의 상황을 따져 보면 어떻게 결론을 지을 수 있을까요? '-(으)ㄴ/는 셈이다'를 사용해서 말해 보세요.

	항목	상황	따져 본 결과
보기	한국어 학습 기간	올해 초부터 12월까지 배웠다	1년 정도
①	여행 빈도수	방학이 되면 여행을 다니다	1년에 두세 번
②	고향 방문 횟수	명절이나 부모님 생신 때 가다	1년에 서너 번
③	중고 책상 구입 비용	배송비만 내고 가져왔다	공짜
④	서울에서의 거주 기간	태어나서 대학교 때까지 살았다	20년

A 한국어를 얼마 동안 배웠어요?

B 올해 초부터 12월까지 배웠으니까 1년 정도 배운 셈이에요.

· 항목
· 빈도수
· 횟수
· 거주

02 -듯이

37

설날에 떡국을 먹는 것처럼 추석에 송편을 먹습니다. 앞의 내용처럼 뒤의 내용도 그러하다는 것을 어떻게 말할까요?

A 설날처럼 추석에도 특별히 먹는 음식이 있어요?

B 네. 설날에 떡국을 먹듯이 추석에는 송편을 먹어요.

문법

'A/V+듯이'는 앞 내용처럼 뒤 내용도 그러함을 나타낸다. 명사 뒤에서는 'N+(이)듯이'의 형태로 쓰인다. '-듯이'는 '-듯'으로 줄여 쓸 수 있다.

예 나라마다 언어가 다르듯이 문화도 다릅니다.
지금까지 열심히 공부했듯이 앞으로도 열심히 하세요.

연습

한국과 다른 나라를 비교하여 '-듯이'를 사용해서 말해 보세요.

	항목	한국	다른 나라
보기	미국의 대표적인 명절	추석	추수 감사절
①	독일의 대표적인 술	소주	맥주
②	베트남의 전통 의상	한복	아오자이
③	일본의 전통 스포츠	씨름	스모
④	태국의 대표적인 휴양지	제주도	푸켓

A 미국의 대표적인 명절은 뭐예요?

B 한국에서 추석을 지내듯이 미국에서는 추수 감사절을 지내요.

- 추수 감사절
- 의상
- 아오자이
- 씨름
- 스모
- 휴양지
- 푸켓

03 -고도

38

요리를 배우지 않았는데 잘하는 사람이 있습니다. 이처럼 뒤의 내용이 앞의 사실과 상반될 때 어떻게 말할까요?

A 사라 씨는 한국 요리를 참 잘하는 것 같지요?

B 네. 특별히 배우지 않고도 그렇게 잘하는 걸 보면 요리에 소질이 있나 봐요.

문법

'V+고도'는 뒤의 내용이 앞의 사실에 상반됨을 나타낸다.

예 그 사람은 슬픈 영화를 보고도 울지 않는다.

Tip 'A+고도'는 다른 특성이 이어지거나 같은 특성이 반복되어 내용이 강조됨을 나타낸다.

예 그 영화는 슬프고도 아름다운 사랑 이야기였다. 10년이라는 세월은 길고도 긴 시간이었다.

연습

다음 사실에 대한 일반적인 예상 결과와 상반되는 일을 '-고도'를 사용해서 말해 보세요.

	사실	상반되는 일	이유
보기	조금 전에 점심을 먹었다	간식을 먹다	요즘 입맛이 당기다
①	잠을 많이 잤다	졸고 있다	요즘 아르바이트 하느라고 피곤하다
②	매일 같은 식당에서 식사했다	식당의 이름을 모르다	식당의 이름이 너무 길다
③	배탈이 나서 병원에 다녀왔다	술 약속을 잡았다	가까운 친구의 송별회라서 빠질 수 없다
④	어제 보고서 때문에 야근을 했다	아직도 보고서를 못 끝냈다	일이 손에 익지 않다

- 입맛이 당기다
- 손에 익다

A 조금 전에 점심을 먹고도 또 간식을 먹어요?

B 네. 요즘 입맛이 당겨서요.

말해 봅시다

건강을 위해 먹는 음식 추천하기

사라 몸이 지치고 힘들 때 어떻게 하면 좋을지 친구에게 물어보세요. 그리고 친구가 추천하는 음식에 대해 물어보세요.

수진 더워서 힘들어하는 친구에게 삼계탕을 추천하고 삼계탕을 먹는 이유와 삼계탕의 맛에 대해 설명하세요.

Try it!

다음 대화 틀을 따라 대화를 구성해 보세요.

	사라	수진
1	**자신의 건강 상태 말하기**	**친구의 건강 상태에 대해 이유 추측하기**
2	어떻게 해야 하는지 묻기	건강에 좋은 음식 추천하기
3	삼계탕이 어떤 음식인지 묻기	그 음식에 대해 설명하기
4	그 음식을 먹는 이유 묻기	이유 설명하기
5	어떤 맛인지 묻기	**음식의 맛과 느낌 설명하기**
6	자주 먹는지 묻기	**자주 먹는 정도 말하고 권하기**

Part 1

말해 봅시다

건강 상태 말하고 이유 추측하기

A 요즘 왜 이렇게 몸이 지치고 힘든지 모르겠어요.

B 날씨가 더워서 그럴 거예요.

응용 체하다/소화가 안 되다 – 스트레스를 받다
몸이 나른하다/입맛(식욕)이 없다 – 봄이 되다

음식의 맛과 느낌 설명하기

A 삼계탕의 맛은 어때요?

B 맵지 않고 담백해요. 국물이 진하고 고기도 부드러워요.

응용 · 맛
달다 – 달콤하다　맵다 – 매콤하다　시다 – 새콤하다　쓰다 – 씁쓸하다　짜다 – 짭짤하다
싱겁다　얼큰하다　고소하다　구수하다　느끼하다

· 느낌
질기다　쫄깃쫄깃하다　말랑말랑하다　아삭아삭하다　바삭바삭하다

자주 먹는 정도 말하기

여름철에 매달 한 번씩은 먹으니까 일 년에 세 번은 먹는 셈이에요.
여름철에 매달 한 번씩은 먹으니까 일 년에 최소한 세 번은 먹어요.
여름철에 매달 한 번씩은 먹으니까 일 년에 세 번은 먹는다고 할 수 있어요.

대화

39

사라 수진 씨, 저 요즘 왜 이렇게 몸이 지치고 힘든지 모르겠어요.

수진 날씨가 더워서 그럴 거예요.

사라 그럴까요? 그럼, 이럴 때는 어떻게 하면 좋을까요?

수진 그럴 때일수록 몸에 좋은 음식을 챙겨 먹어야 돼요. 사라 씨 나라에도 기운이 없을 때 특별히 먹는 음식이 있듯이 한국에도 그런 음식이 있는데 그게 삼계탕이에요.

사라 아, 그렇군요. 그런데 삼계탕은 어떤 음식이에요?

수진 닭을 통째로 넣어서 푹 끓인 음식이에요. 인삼과 대추가 들어가서 건강에 아주 좋아요.

사라 그래요? 그러면 뜨겁겠어요. 더운데 왜 뜨거운 음식을 먹어요?

수진 이열치열이라는 말처럼 더울 때 뜨거운 음식을 먹으면 더위를 이겨 낼 수 있거든요.

사라 아, 그래요. 그럼 맛은 어때요? 매워요?

수진 아니요. 맵지 않고 담백해서 사라 씨가 먹기에도 좋을 거예요. 국물이 진하고 고기도 부드러워요.

사라 수진 씨도 삼계탕을 자주 먹어요?

수진 자주는 아니지만 여름철에 매달 한 번씩은 먹으니까 일 년에 세 번은 먹는 셈이에요. 사라 씨도 이번에 꼭 한번 먹어 봐요.

확장

여러분 나라에도 몸이 안 좋을 때 먹는 음식이 있습니까? 지친 몸을 보충하기 위해 먹는 음식을 설명하고 친구에게 추천해 보세요.

· 나른하다 · 체하다 · 새콤하다 · 쌉쌀하다 · 짭짤하다 · 얼큰하다 · 고소하다 · 구수하다 · 느끼하다
· 질기다 · 쫄깃쫄깃하다 · 말랑말랑하다 · 아삭아삭하다 · 통째 · 이열치열 · 진하다

Part 2

토의해 봅시다

건강에 좋은 음식에 대해 토의하기

01 다음을 읽고 함께 이야기해 보세요.

발효 음식이 나를 살렸다

의사는 나에게 1년밖에 못 산다고 했었다. 그 말을 들은 후 나는 그때까지 먹던 음식을 모두 버리고 간장, 된장, 김치와 같은 발효 음식과 제철 음식 위주로 식사를 했다. 그 이후 나는 15년째 건강하게 살고 있다.

패스트푸드는 정말 위험한가?

한 영화감독이 패스트푸드의 위험성을 확인하기 위해 30일 동안 매일 세 끼, 패스트푸드만을 먹는 실험을 했다. 그 결과, 한 달 만에 몸무게는 10kg이 늘었고 체지방은 7% 증가했다. 간에 문제가 생겼고 콜레스테롤의 수치가 높아졌다.

(1) 위 책의 내용을 보고 두 사람에게 어떤 일이 있었는지 이야기해 보세요.

(2) 음식은 우리의 몸에 어떤 영향을 줄까요? 함께 이야기해 보세요.

02 다음에 대해서 자신의 생각을 바탕으로 토의해 보세요.

(1) 건강을 위해서는 어떤 음식을 먹어야 할까요? 다음 중 건강에 좋은 음식과 그렇지 않은 음식을 나누어 보고 그렇게 생각하는 이유를 함께 이야기해 보세요.

냉동 식품 / 통조림 식품
제철 식품 / 정제되지 않은 곡물
유전자 조작 식품 / 자기가 사는 지역에서 생산된 식품
유기농 방식으로 재배된 친환경 식품 / 화학조미료 등이 첨가되지 않은 식품

건강에 좋은 음식	건강에 안 좋은 음식
·	·
·	·
·	·
·	·

· 발효
· 제철
· 수치
· 유전자 조작
· 정제
· 유기농
· 재배
· 친환경
· 화학조미료
· 첨가

(2) 건강을 위해서는 어떤 음식을 어떻게 먹어야 할까요? 구체적인 예를 들어 함께 이야기해 보세요.

건강에 좋은 음식과 먹는 방법
• 흰 쌀밥 대신에 현미나 잡곡으로 지은 밥을 먹는다. • 국을 끓이거나 반찬을 만들 때 화학조미료를 넣지 않고 천연 재료로 맛을 낸다. • • • •

03 건강에 좋은 음식이란 어떤 것이며 그러한 음식을 어떻게 먹는 것이 좋은지 토의한 내용을 바탕으로 정리해서 써 보세요.

토의 표현

상대방과 같은 의견 말하기

- 그 의견에 동의합니다
- 저도 그렇게 생각합니다
- 저도 비슷한 의견인데요
- 저도 (~와/과) 같은 생각인데요

예

A 저는 제철 음식이 건강에 좋은 음식이라고 생각합니다. 무엇보다도 신선하기 때문이지요.

B 그 의견에 동의합니다. 그 계절에 나는 채소와 과일은 어떤 것이든 신선할 뿐만 아니라 영양소가 풍부해서 우리 몸에 아주 좋습니다.

· 현미
· 잡곡

Part 2

들어 봅시다

바른 먹을거리 확인 방법에 대한 강연 듣기

01 다음 사진의 표시는 어디에서 볼 수 있습니까? 이 표시를 통해 무엇을 알 수 있는지 함께 이야기해 보세요.

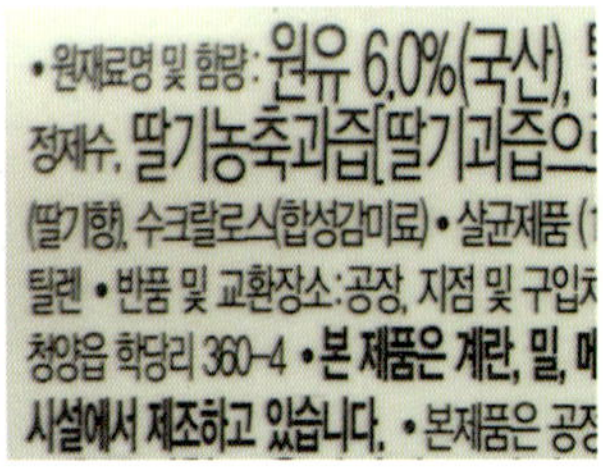

02 다음은 바른 먹을거리에 대한 강연입니다. 듣고 물음에 답하세요. 40

(1) 강연에서 바른 먹을거리를 찾을 때 확인해야 하는 것으로 말하지 않은 것은 무엇입니까?

① 열량 ② 원산지 ③ 영양 성분 ④ 식품 첨가물

(2) 다음 중 바른 먹을거리 확인 방법에 따라 식품을 구입하지 않은 사람은 누구입니까?

① 수진: 과자를 살 때 나트륨 함량이 적은 것을 샀다.

② 사라: 우유를 살 때 흰 우유보다는 딸기 맛이 나는 우유를 샀다.

③ 마틴: 음료수를 살 때 탄산음료 대신에 비타민이 들어 있는 과일 주스를 샀다.

④ 유키: 빵을 구입할 때 최근에 만들어져서 유통 기한까지 날짜가 많이 남아 있는 것을 샀다.

(3) 듣고 맞는 것에 ✓표 하세요.

① 사람들은 좋은 음식이 무엇인지 알지만 잘 챙겨 먹지 못한다.

네 _____ 아니요 _____

② 영양 성분 표를 보면 그 식품에 포함된 영양소와 열량을 알 수 있다.

네 _____ 아니요 _____

③ 식품을 가공할 때 맛이나 향, 색을 내기 위해서 식품 첨가물을 사용한다.

네 _____ 아니요 _____

- 성분
- 함량
- 첨가물
- 가공하다

03 여러분이 먹은 음식에도 영양 성분 표와 첨가물에 대한 정보가 있습니까? 표를 직접 확인해 보고 바른 먹을거리인지 함께 이야기해 보세요.

Part 3 읽어 봅시다

맛집 탐방 글 읽기

01 다음은 맛집을 찾아가서 찍은 사진입니다. 사진을 보고 함께 이야기해 보세요.

(1) 음식점의 외부와 내부를 보면 어떤 느낌이 듭니까? 다음 단어를 사용해서 음식점의 모습과 분위기를 묘사해 보세요.

깔끔하다	볼품없다	세련되다	아기자기하다
아늑하다	아담하다	허름하다	현대적이다

(2) 다음 단어를 서로 알맞게 연결해서 음식의 모습을 묘사해 보세요.

음식 이름	음식의 모습	조리 방법
찌개 •	• 노릇노릇 •	• 굽다
삼겹살 •	• 보글보글 •	• 끓다
전 •	• 지글지글 •	• 부치다

- 외부
- 내부
- 깔끔하다
- 볼품없다
- 아기자기하다
- 아늑하다
- 아담하다
- 허름하다
- 조리
- 노릇노릇
- 보글보글
- 지글지글

Part 3 읽어 봅시다

02 다음은 맛집을 탐방한 후 쓴 글입니다. 읽고 물음에 답하세요. 41

변하지 않는 맛을 찾아서

한국에는 '10년이면 강산도 변한다'는 옛말이 있다. 강과 산, 즉 자연도 변한다고 하는데 세월이 지나면서 사람들의 입맛이 변하는 것은 당연한 것 같다. 그런데 서울 시내에 100년 넘게 변함없이 같은 자리에서 그 맛을 지키고 있는 식당이 있다고 하니 그 맛이 궁금해졌다. 그래서 나는 100년이 된 맛은 어떤 맛일까 하는 호기심 반, 특별한 맛을 볼 수 있다는 기대 반으로 그곳을 찾아갔다.

그곳은 바로 서울 도심 한가운데에 위치한 '이화 설렁탕'이다. 종로의 좁은 골목을 따라 들어가면 허름한 기와집 한 채를 발견할 수 있다. 고층 빌딩으로 둘러싸이고도 기죽지 않고 옛날의 모습을 그대로 지키고 있는 것을 보니 그 낡은 건물이 대견하게 느껴졌다.

음식점 안으로 들어갈 때는 마치 내가 역사 속으로 여행을 떠나는 듯한 기분이 들었다. 식당의 내부는 처음 이 식당을 지었을 때의 모습 그대로라고 했다. 식당의 벽과 바닥, 식당 안을 장식하고 있는 소품에서는 세월을 느낄 수 있었지만 내부는 깔끔하게 정리되어 있었다. 식탁에 앉아서 식당 안의 이곳저곳을 둘러보다가 설렁탕 한 그릇을 주문했다.

잠시 후 투박한 뚝배기 안에서 보글보글 끓고 있는 설렁탕이 깍두기와 함께 나왔다. 화려하거나 예쁜 그릇에 담겨 나오지는 않았지만 그 소박한 모습이 오히려 정답게 느껴졌다. 진한 국물에서 느껴지는 구수한 맛은 속을 따뜻하게 채워 주었으며 아삭아삭하면서도 새콤한 깍두기는 입맛을 돋우어 주었다. 한 그릇을 다 먹고 나니 속이 든든해져서 추운 날씨를 견딜 수 있는 힘이 생겼다. 100세가 넘은 단골손님이 이 식당의 변하지 않는 설렁탕 맛을 칭찬했다고 하는데 그 손님도 이 맛에 반했을까. 그 변하지 않는 맛이 이곳을 지금까지 있게 한 비결이라는 생각이 들었다.

사람들이 나날이 새로운 맛을 찾는 것을 막을 수는 없지만 변하지 않는 맛에 대한 가치도 소중하게 생각하면 좋겠다. 오늘 내가 먹은 설렁탕 맛이 지금까지 긴 세월 동안 전해지면서 사랑받았듯이 앞으로 오랜 시간이 지난 후에도 그 진한 국물 맛이 전해졌으면 하는 마음을 뒤로하고 설렁탕 집을 나왔다.

- 한가운데
- 기와집
- 기(가) 죽다
- 낡다
- 대견하다
- 둘러보다
- 투박하다
- 뚝배기
- 깍두기
- 소박하다
- 속을 채우다
- 입맛을 돋우다
- 든든하다
- 단골손님
- 나날이

(1) 이 글에 나오지 않은 내용을 고르세요.

① 맛집을 찾아간 이유

② 식당 외부와 내부의 모습

③ 찾아가는 방법과 소요 시간

④ 음식의 맛과 먹은 후의 감상

(2) 이 글에서 소개한 식당에 대한 설명이 아닌 것을 고르세요.

① 서울 시내의 한가운데에 위치해 있다.

② 100년 전의 건물을 그대로 유지하고 있다.

③ 화려하고 예쁜 그릇에 음식을 담아서 준다.

④ 단골손님이 변하지 않는 음식 맛을 칭찬했다.

(3) 글을 읽고 맞는 것에 ✓표 하세요.

① 글쓴이는 맛집 탐방을 한 후 음식 맛이 왜 변하는지 알게 되었다.

네 _____ 아니요 _____

② 글쓴이는 최근 변하고 있는 한국인의 입맛을 조사하기 위해 맛집을 탐방했다.

네 _____ 아니요 _____

③ 글쓴이는 긴 세월 동안 변하지 않는 맛을 유지한 것이 이 식당이 오래 살아남을 수 있었던 이유라고 생각한다. 네 _____ 아니요 _____

(4) 이 글에서 글쓴이가 식당의 외부와 내부, 음식의 상차림을 어떻게 표현했는지 찾아서 써 보세요.

식당의 외부	식당의 내부	음식의 상차림
허름하다		

Part 3

써 봅시다

맛집 탐방 글 쓰기

01 여러분이 소개하고 싶은 음식점이 있습니까? 그 음식점의 위치와 분위기, 음식의 맛 등에 대해 함께 이야기해 보세요.

02 맛집 탐방 글의 개요를 작성하고 글을 써 보세요.

제목: ______________________

들어가는 말	맛집 탐방 이유	
본문	맛집의 위치와 외부 모습	
	맛집의 내부 모습과 분위기	
	음식의 맛과 특성	
맺는 말	맛집 탐방 후의 감상	

Tip 맛집 탐방 글 쓰기

맛집 탐방 글은 음식점을 방문한 경험을 쓴 글이다. 맛집 탐방의 글을 쓸 때는 다음 사항에 유의하여 쓴다

- 먼저 탐방의 목적을 밝히고 탐방할 곳을 언급한다.
- 탐방의 일정, 맛집의 위치, 역사 등의 객관적인 정보를 제공한다.
- 맛집의 외부와 내부 모습 및 분위기, 음식의 모습과 진열 상태, 맛 등에 대해 자세히 묘사하여 느낌을 생생하게 전달한다.

관용 표현

입이 짧다 / 군침이 돌다 / 간에 기별도 안 가다

42

01 다음 표현의 의미를 추측해 보고 맞는 것을 찾아 연결해 보세요.

(1)	입이 짧다	•	• 먹은 느낌도 나지 않을 만큼 음식의 양이 적다.
(2)	군침이 돌다	•	• 음식을 심하게 가리거나 적게 먹다.
(3)	간에 기별도 안 가다	•	• 식욕이 생기거나 이익이나 재물에 욕심이 생기다.

02 관용 표현을 사용해서 대화를 완성해 보세요.

(1) A : 이 집은 음식을 너무 조금 주지요?
B : 네. ______________________. 더 먹어야겠어요.

(2) A : 유나 씨는 떡볶이를 정말 좋아하나 봐요.
B : 네. 저는 떡볶이 얘기만 들어도 ______________________.

(3) A : 우리 아이는 어렸을 때부터 가리는 음식도 많고 잘 먹지도 않아서 반찬을 만들기가 힘들었어요.
B : ______________________. 입맛을 맞추기가 어려웠겠어요.

03 다음 상황에 맞게 관용 표현을 사용해서 대화를 완성해 보세요.

(1)
A : 이게 1인분이라니 양이 너무 적지 않아요?
B : ______________________
______________________.

(2)
A : 저는 못 먹는 음식이 많아서 낯선 곳으로 여행을 가면 새로운 음식을 먹어 볼 생각을 못 해요.
B : ______________________
______________________.

(3)
A : 비도 오고 날씨도 쌀쌀한데 점심에 칼국수나 먹을까요?
B : ______________________
______________________.

음식 궁합

사람 사이에 서로 잘 맞는 사람이 있듯이 음식에도 서로 잘 어울리는 음식이 있다. 한국에서 보쌈을 먹을 때는 새우젓이 꼭 함께 상에 오른다. 보쌈은 불고기나 갈비처럼 고기에 양념을 하는 것이 아니라 고기를 삶아 만든 음식이다. 양념이 되지 않은 삶은 돼지고기는 짭짤한 새우젓과 함께 먹을 때 간이 맞다.

그런데 이 돼지고기와 새우젓은 맛만 잘 어울리는 것이 아니라 소화 기능 면에서도 찰떡궁합이다. 새우젓이 발효되는 과정에서 만들어진 소화 효소가 돼지고기의 소화를 돕는 것이다. 돼지고기와 새우젓의 조합은 보쌈뿐만 아니라 족발, 순대 같은 음식에서도 볼 수 있다.

이처럼 서로 잘 어울리는 음식이 있는 반면, 함께 먹지 않도록 주의해야 하는 음식도 있다. 당근과 오이가 그러한데 두 음식을 함께 먹으면 당근이 오이에 들어 있는 비타민 C를 파괴한다.

이렇듯 음식에는 함께 먹으면 약이 되는 음식이 있고 함께 먹어서 독이 되는 음식도 있다. 그러므로 음식 궁합을 잘 알고 음식을 먹으면 맛도 살리고 영양도 챙길 수 있어서 일석이조의 효과를 얻을 수 있을 것이다.

01 서로 잘 어울리는 음식, 잘 어울리지 않는 음식으로 위에서 예로 든 것은 무엇입니까?

02 여러분 나라에도 서로 잘 어울리는 음식이 있습니까? 무엇인지 함께 이야기해 보세요.

문학 기행

칼국수(시)

01 여러분은 칼국수라는 음식을 생각하면 어떤 느낌이 떠오릅니까?

02 다음 시에서 시인이 말하는 고향의 모습을 머릿속으로 그리면서 감상해 보세요.

칼국수

문인수(1945~)

어머니, 여름날 저녁 칼국수 반죽을 밀었다.
둥글게 둥글게 어둠을 밀어내면
달무리만하게 놓이던 어머니의 부드러운 흰 땅.
나는 거기 살평상에 누워 별 돋는 거 보았는데
그때 들에서 돌아온 아버지 어흠 걸터앉으며
물씬 흙 냄새 풍겼다 그리고 또 그렇게
솥 열면 자욱한 김 마당에 깔려…… 아 구름 구름밭,
부연 기와 추녀 끝 삐죽히 날아 오른다.

이 가닥 다 이으면 통화가 될까.
혹은 긴 긴 동앗줄의 길을 놓으면
나는 홀로 무더위의 지상에서 칼국수를 먹는다.

『해치는 산』, 천년의시작, 2004

(1) 이 시에서 고향이 느껴지는 표현을 찾아보세요.

(2) 이 시에서 칼국수가 의미하는 것과 칼국수를 통해 그리워하는 것이 무엇인지 이야기해 보세요.

03 여러분이 가족과 고향을 그리워할 때 생각나는 음식은 무엇입니까? 함께 이야기해 보세요.

· 달무리 · 살평상 · 별 돋다 · 들 · 걸터앉다 · 물씬 · 자욱하다 · 김 · 부옇다
· 기와 · 추녀 · 삐죽히 · 가닥 · 동앗줄(동아줄) · 지상

제7과

명절과 기념일

제7과 명절과 기념일

Part 1	준비합시다	**1** -(으)ㄴ/는가 하면 **2** -고자 **3** -기 마련이다
	말해 봅시다	새해맞이 행사 소개하고 자신의 새해맞이 계획 말하기
Part 2	토의해 봅시다	새로운 기념일 문화에 내해 토의하기
	들어 봅시다	기념일 문화에 대한 시민 인터뷰 듣기
Part 3	읽어 봅시다	명절의 유래와 풍습에 대한 소개의 글 읽기
	써 봅시다	명절의 유래와 풍습에 대한 소개의 글 쓰기
	관용 표현	녹초가 되다 / 손이 모자라다 / 손꼽아 기다리다

CULTURE & LITERATURE

문화와 생활	내 더위 사 가시오
문학 기행	「설날 아침에」(시)

Part 1

준비합시다

01 -(으)ㄴ/는가 하면

43

명절에 고향에 가는 사람도 있지만 해외여행을 가는 사람도 있습니다. 이렇게 어떤 상황에 대한 생각이나 행동이 대립됨을 나타낼 때 어떻게 말할까요?

A **명절이 되면 사람들이 모두 고향에 가요?**

B **꼭 그렇지는 않아요. 고향에 가는 사람이 있는가 하면 해외로 여행을 떠나는 사람도 있어요.**

문법

'A/V+(으)ㄴ/는가 하면'은 앞의 문장과 뒤의 문장의 대립된 상황을 나타낸다. '그런 한편, 그런 반면'의 의미가 있다.

예 어떤 날은 매우 바쁜가 하면 어떤 날은 매우 한가하다
어느 지역에서는 음식이 남아돌아서 버리는가 하면 어느 지역은 먹을 것이 부족해 굶어 죽는 사람도 있다.

연습

어떤 상황에 대한 생각이나 행동이 대립됨을 '-(으)ㄴ/는가 하면'을 사용해서 말해 보세요.

	상황	사람 1	사람 2
보기	배우자를 선택할 때	외모를 중시하다	재력을 우선시하다
①	물건을 살 때	유행을 따르다	실용성을 생각하다
②	집을 구할 때	교통과 편의 시설을 따지다	교육 환경을 고려하다
③	직원을 채용할 때	성실성을 최고로 꼽다	능력을 최고로 여기다
④	직업을 선택할 때	적성에 맞는 직업을 찾다	보수나 근무 시간을 보다

- 남아돌다
- 배우자
- 중시하다
- 재력
- 우선시하다
- 성실성

A **배우자를 선택할 때 사람들은 보통 어떤 점을 보나요?**

B **글쎄요. 어떤 사람은 외모를 중시하는가 하면 어떤 사람은 재력을 우선시해요.**

02 -고자

한국의 설 문화를 알리기 위해서 '외국인 설날 대잔치' 행사를 열었습니다. 행사를 연 목적을 공식적으로 말할 때 어떻게 말할까요?

A '외국인 설날 대잔치' 행사를 열게 된 목적은 무엇입니까?

B 외국인들에게 한국의 전통 설 문화를 알리고자 열게 되었습니다.

문법

'V+고자'는 뒤 문장의 행위를 하는 목적을 나타낸다. 보통 연설이나 보고와 같은 공식적인 말이나 글에 주로 쓰인다. 문장 끝에서 '-고자 하다'로 쓰여 말하는 사람이 의도를 나타내기도 한다.

예 저는 오늘 환경 보호의 중요성에 대해 말씀드리고자 이 자리에 섰습니다.
오늘은 추석의 유래에 대해서 이야기해 보고자 합니다.

연습

불경기 상황에서 여러 사람들이 어떻게 대처하고 있는지 인터뷰를 하고 있습니다. 지금 하고 있는 일의 목적을 '-고자'를 사용해서 대답해 보세요.

	사람	목적	하고 있는 일
보기	취업 준비생	빨리 취업하다	눈높이를 조금 낮춰서 지원하다
①	주부	생활비를 줄이다	허리띠를 졸라매며 아끼다
②	학생	부모님의 학비 부담을 덜어 드리다	틈틈이 아르바이트를 하다
③	자영업자	경쟁에서 살아남다	밤낮을 가리지 않고 일하다
④	서울 시장	실업률을 낮추다	일자리를 늘리다

A 요즘 불경기라서 많이 힘든데 어떻게 대처하고 계십니까?

B 저는 빨리 취업하고자 눈높이를 조금 낮춰서 지원하고 있습니다.

· 유래
· 취업 준비생
· 허리띠를 졸라매다
· 덜다
· 틈틈이
· 자영업자
· 실업률
· 늘리다

03 -기 마련이다

45

명절이 되면 고향 생각이 나고 가족들이 그리워집니다. 그러한 일이 있는 것이 당연하다는 것을 어떻게 말할까요?

A 추석이 다가오니까 가족이 너무 보고 싶어요.

B 명절이 되면 누구나 가족 생각이 나기 마련이지요. 집에 전화라도 해 보세요.

문법

'A/V+기 마련이다'는 그러한 일이 있는 것이 당연하다는 뜻을 나타낸다.

예 가족과 떨어져 지내면 외롭기 마련이다. 사람은 누구나 죽기 마련이다.

연습

다음 상황에서 그런 일이 생기는 것이 당연하다는 것을 '-기 마련이다'를 사용해서 말해 보세요.

	상황	당연한 일
보기	급히 나오느라 중요한 서류를 집에 놓고 왔다	너무 서두르면 실수를 하다
①	밥을 너무 빨리 먹어서 배가 아프다	급하게 먹으면 체하다
②	사이가 좋지 않았던 회사 동료와 어느새 친해졌다	같이 일하면서 자주 보면 정이 들다
③	며칠 동안 계속 불고기를 먹었더니 냄새도 맡기 싫다	맛있는 음식도 매일 먹으면 질리다
④	남자 친구/여자 친구와 헤어졌을 때는 너무 힘들었었는데 지금은 괜찮아졌다	시간이 지나면 모든 것이 잊히다

- 정이 들다
- 어느새
- 맡다
- 질리다
- 잊히다

A 아침에 급히 나오느라 중요한 서류를 집에 놓고 왔어요.

B 너무 서두르면 실수를 하기 마련이지요. 중요한 서류는 미리 챙겨 두세요.

말해 봅시다

새해맞이 행사 소개하고 자신의 새해맞이 계획 말하기

사라 한국 사람들이 새해를 어떻게 맞이하는지 궁금합니다. 새해맞이 행사에 대해서 물어보고 친구의 새해맞이 계획도 물어보세요. 그리고 자신의 새해맞이 계획을 말해 보세요.

수진 한국의 새해맞이에 대해 궁금해하는 친구에게 제야의 종 행사를 소개하세요. 그리고 자신의 새해맞이 계획을 말하고 친구의 새해맞이 계획도 물어보세요.

Try it! 다음 대화 틀을 따라 대화를 구성해 보세요.

	사라	수진
1	새해를 맞이하는 방법 묻기	**새해를 맞이하는 다양한 방법 말하기**
2	새해맞이 행사에 대해 묻기	가장 유명한 행사 말하기
3	그 행사에 대해 묻기	**행사 참여 목적과 하는 일 말하기**
4	행사에 대해 추측해서 말하기	**참여하는 사람이 많음을 말하기**
5	그날의 계획 묻기	계획 말하고 친구의 계획 묻기
6	**관심 가는 것 말하고 계획 말하기**	

Part 1 말해 봅시다

새해를 맞이하는 다양한 방법 말하기

집에서 보내기도 하고 새해맞이 행사에 참여하기도 해요.
집에서 보내는 사람도 있고 새해맞이 행사에 참여하는 사람도 있어요.
어떤 사람은 집에서 보내는가 하면 어떤 사람은 새해맞이 행사에 참여해요.
집에서 보내는 사람이 있는가 하면 새해맞이 행사에 참여하는 사람도 있어요.

행사 참여 목적 말하기

새해가 오는 것을 함께 축하하고자 사람들이 모여요.
새해가 오는 것을 함께 축하하려고 사람들이 참여해요.
새해가 오는 것을 함께 축하하기 위해서 사람들이 가요.

응용 해맞이 행사 – 새해 첫 해돋이를 보면서 새해 다짐도 하고 소원도 빌다
해넘이해맞이 행사 – 묵은 해를 보내고 새로운 다짐으로 새해를 맞이하다

참여하는 사람이 많음을 말하기

인산인해를 이룰 거예요.
사람들로 많이 붐빌 거예요.
수많은 인파가 몰릴 거예요.
발 디딜 틈도 없이 북적일 거예요.

관심 가는 것 말하기

제야의 종 행사에 마음이 가요.
제야의 종 행사에 마음이 끌려요.
제야의 종 행사에 귀가 솔깃해지는데요.

대화

46

사라 수진 씨, 벌써 한 해가 다 갔네요. 한국 사람들은 보통 새해를 어떻게 맞이해요?

수진 집에서 가족들과 함께 조용히 보내는 사람이 있는가 하면 새해맞이 행사에 참여하는 사람도 있어요.

사라 새해맞이 행사요? 한국에서는 무슨 행사를 해요?

수진 여러 가지가 있는데 그 중에서 종로에서 하는 제야의 종 행사가 제일 유명해요.

사라 그래요? 제야의 종 행사는 뭔데요?

수진 새해 전날 밤 12시에 종로 보신각에서 종을 치는 행사예요. 종소리를 들으면서 새해가 오는 것을 함께 축하하고자 사람들이 많이 모여요. 인기 가수들이 나와서 축하 공연도 하고 12시 정각에는 불꽃놀이도 하는데 그게 아주 장관이에요.

사라 와! 그럼 구경하러 오는 사람들이 많겠군요.

수진 네. 그래서 아마 그 주변이 발 디딜 틈도 없이 북적일 거예요.

사라 그럼 수진 씨도 이번에 제야의 종 행사에 갈 거예요?

수진 아니요. 이번에는 친구들하고 같이 해맞이 행사에 가기로 했어요. 바닷가에서 새해 첫 해돋이를 보면서 새해 다짐도 하고 소원도 빌고 오려고요. 사라 씨는 뭐 할 거예요? 계획이 있어요?

사라 글쎄요. 특별한 계획이 없었는데 수진 씨 말을 들어 보니까 제야의 종 행사에 마음이 끌려요. 이번 새해에는 제야의 종 행사에 참여해 봐야겠어요.

확장

여러분 나라에서는 새해를 어떻게 맞이합니까? 여러분 나라의 새해맞이에 대해 말하고 자신의 새해맞이 계획도 말해 보세요.

· 새해맞이 · 제야의 종 · 참여하다 · 해맞이 · 다짐 · 묵다 · 인산인해 · 붐비다 · 인파 · 북적이다
· 솔깃하다 · 보신각 · 정각 · 장관

Part 2 토의해 봅시다

새로운 기념일 문화에 대해 토의하기

01 다음을 보고 함께 이야기해 보세요.

(가)	(나)
 5월 5일 어린이날	 2월 14일 밸런타인데이
 5월 8일 어버이날	 3월 14일 화이트데이
 5월 15일 스승의 날	 4월 14일 블랙데이
 10월 9일 한글날	 11월 11일 빼빼로데이

(1) 위의 기념일들은 무슨 날일까요? 그리고 (가)와 (나)의 기념일들은 어떤 차이가 있을까요?

(2) 여러분 나라에는 어떤 기념일들이 있습니까? 그날 사람들은 무엇을 합니까? 함께 이야기해 보세요.

02 다음에 대해서 자신의 생각을 바탕으로 토의해 보세요.

(1) 요즘 새로운 기념일들이 많이 생겨나고 있습니다. 여러분은 이런 기념일 문화에 대해 긍정적으로 생각합니까? 아니면 부정적으로 생각합니까? 새로운 기념일 문화에 대한 여러분의 생각을 함께 이야기해 보세요.

긍정적인 면	부정적인 면
• 평범한 일상에 재미있는 이벤트가 된다. • 고마움, 사랑 고백 등 마음을 전할 수 있는 기회가 된다. • • •	• 물건을 팔기 위한 상업적 목적으로 이용된다. • 참여하지 못하는 사람은 소외감을 느낄 수도 있다. • • •

· 어버이
· 밸런타인데이
· 이벤트
· 상업적

(2) 새로운 기념일을 만든다면 여러분은 어떤 기념일을 만들고 싶습니까? 앞에서 이야기한 긍정적인 면과 부정적인 면을 잘 생각해서 의미 있는 기념일을 함께 만들어 보세요.

이름 및 의미	
목적	
하는 일	

03 토의한 내용을 바탕으로 새로운 기념일 문화에 대한 자신의 생각을 정리해서 써 보세요.

토의 표현

부연 · 보충 설명하기

- 부연 설명을 하자면
- 보충해서 설명하자면
- 좀 더 자세히 말씀드리면
- 좀 더 구체적으로 말씀드리면

예

A 여러분은 새로운 기념일 문화에 대해서 어떻게 생각하십니까?

B 저는 이런 기념일들에 진정한 의미가 얼마나 들어 있을까 하는 생각이 듭니다. 좀 더 구체적으로 말씀드리면 지금 유행하고 있는 기념일들은 그 의미와 목적보다는 기념일에 얻을 수 있는 상업적 이익을 더 중요시하는 날들이라는 생각이 듭니다.

Part 2

들어 봅시다

기념일 문화에 대한 시민 인터뷰 듣기

01 다음은 한국의 밸런타인데이 모습입니다. 사진을 보고 이날의 분위기가 어떤지 함께 이야기해 보세요.

02 다음은 밸런타인데이에 대한 시민 인터뷰입니다. 듣고 물음에 답하세요. 47

(1) 이 인터뷰의 목적은 무엇입니까?

(2) 기념일 문화에 대한 사람들의 생각으로 맞는 것은 무엇입니까?

① 젊은 여자는 기념일에 드는 과도한 비용을 줄여야 한다고 생각한다.

② 젊은 남자는 상업적인 목적의 기념일들에 대해 부정적으로 생각하고 있다.

③ 아주머니는 요즘 기념일들은 나이 많은 사람들도 즐길 수 있는 것이라고 생각한다.

④ 기자는 바람직한 기념일 문화를 만들기 위해서는 시민들의 노력이 필요하다고 생각한다.

(3) 듣고 맞는 것에 ✓표 하세요.

① 밸런타인데이에는 연인들을 위한 할인 행사가 많다. 네 _____ 아니요 _____

② 아주머니는 요즘 기념일들에 무엇이 있는지 알고 있다. 네 _____ 아니요 _____

③ 젊은 여자는 기념일에 드는 비용이 부담이 돼서 선물을 준비하지 못했다. 네 _____ 아니요 _____

03 여러분 나라에서도 밸런타인데이를 특별하게 보냅니까? 사람들은 밸런타인데이에 보통 무엇을 하는지, 여러분은 그날을 어떻게 보내고 싶은지 이야기해 보세요.

· 과도하다

Part 3 읽어 봅시다

명절의 유래와 풍습에 대한 소개의 글 읽기

01 다음 사진을 보고 한국의 명절인 추석의 풍습에 대해 함께 이야기해 보세요.

길쌈놀이

송편 빚기

추석빔

차례와 음복

벌초와 성묘

강강술래

(1) 다음 설명을 보고 위의 풍습 중 무엇에 대한 것인지 찾아보세요.

①	추석날에 입는 새 옷이나 신발	
②	여자들이 베를 짜는 내기를 하면서 벌이는 잔치	
③	서로 손을 잡고 둥글게 돌면서 노래를 부르는 민속놀이	
④	조상의 묘를 찾아가서 풀을 베어 깨끗이 하고 돌보는 일	
⑤	추석 전날 저녁 가족들이 모여 만드는 추석의 대표적인 음식	
⑥	햇과일과 햇곡식으로 제사를 지내고 그 음식을 나누어 먹는 일	

(2) 여러분은 한국에서 추석을 보낸 적이 있습니까? 어떤 일들을 해 봤습니까?

- 풍습
- 길쌈놀이
- 빚다
- 추석빔
- 음복
- 강강술래
- 베를 짜다
- 내기를 하다
- 벌이다
- 묘
- 베다
- 햇과일
- 햇곡식
- 제사를 지내다

Part 3 읽어 봅시다

02 다음은 추석의 유래와 풍습을 소개하는 글입니다. 읽고 물음에 답하세요. 48

즐겁고 풍성한 한국의 명절, 추석

추석은 설날과 함께 한국인이 가장 사랑하는 명절이다. 추석은 음력 8월 15일로 다른 말로 한가위라고도 부른다. '가위'라는 말은 옛날 신라 시대의 길쌈놀이인 '가배'에서 나온 것으로 여자들이 베를 짜는 내기를 하면서 축제를 벌였던 것에서 추석이 유래되었다.

추석날 처음 하는 일은 아침 일찍 일어나 차례를 지내는 일인데, 한 해 동안 농사가 잘된 것에 대해 조상께 감사를 드리고자 그해 처음으로 수확한 햇곡식으로 음식을 만들어 차례상에 올린다. 차례를 지낼 때는 모두 새 옷인 추석빔으로 갈아입고 차례가 끝나면 차례에 올렸던 음식과 술로 온 가족이 음복을 한다. 그러고 나서 조상의 묘를 찾아 성묘를 하는데 보통 추석 전에 미리 벌초를 해서 묘 주위를 깨끗하게 정리한다.

추석은 시기적으로 곡식과 과일 등이 풍성한 때이므로 추석에 먹는 음식 또한 여러 가지가 있다. 추석의 대표적인 절식으로는 송편이 있으며 송편의 모양과 재료는 지역에 따라 아주 다양하다. 보통 추석 전날 저녁 가족들이 모여 송편을 만드는데 송편을 예쁘게 만들면 나중에 좋은 배우자를 만난다거나 예쁜 아이를 낳는다는 말이 있어 서로 송편을 예쁘게 만들려고 한다. 또한 토란국도 추석에 먹는 특별한 음식이다. 명절에는 맛있는 음식을 이것저것 많이 먹게 되기 마련인데 토란에는 소화를 돕고 변비를 예방해 주는 성분이 있어서 과식하기 쉬운 추석에 먹는 음식으로 안성맞춤이다.

모든 사람들이 함께 모여 먹고 마시고 춤추었던 추석에는 자연스럽게 다양한 놀이도 생겨났다. 남자들은 낮에 농악과 씨름을 했고 여자들은 보름달 아래서 강강술래를 즐겼다. 사람들은 이러한 놀이를 하면서 서로 간의 화합을 다지는 한편 보름달과 풍작을 즐기기도 했다.

추석에는 아무리 가난한 사람도 떡을 만들어 나눠 먹었다고 해서 '일 년 열두 달 365일 더도 말고 덜도 말고 한가위만 같아라.'라는 말도 생겼다. 이와 같이 추석은 즐겁고 신나는 날인 동시에 그런 즐거움을 얻은 것에 대한 감사를 잊지 않는 날이기도 하다.

- 풍성하다
- 한가위
- 가배
- 수확하다
- 절식
- 토란국
- 농악
- 화합을 다지다
- 풍작

(1) 글의 내용에 맞게 각 단락의 소제목을 붙이고 중심 내용을 써 보세요.

단락	소제목	중심 내용
첫 번째	추석의 유래	추석은 신라 때 '가배'라고 하는 길쌈놀이를 하면서 축제를 벌였던 것에서 유래되었다.
두 번째		
세 번째		
네 번째		
다섯 번째	추석의 의의	추석은 즐겁고 신나는 날인 동시에 그런 즐거움을 얻은 것에 대한 감사를 잊지 않는 날이기도 하다.

(2) 추석날 하는 일을 순서대로 써 보세요.

추석빔 입기 – (   ) – (   ) – 성묘하기

(3) 추석에 대해 설명한 것 중 틀린 것을 고르세요.

① 추석의 대표적인 절식으로는 송편과 토란국이 있다.
② 추석날 아침에는 조상의 묘에 찾아가 벌초와 성묘를 한다.
③ 한가위라는 말은 신라 시대 길쌈놀이인 '가배'에서 나왔다.
④ 추석 때 준비하는 음식들은 대부분 그해 처음 수확한 농작물로 만든 것이다.

(4) 사람들이 송편을 예쁘게 만들려고 하는 이유는 무엇입니까?

Part 3

써 봅시다

명절의 유래와 풍습에 대한 소개의 글 쓰기

01 여러분 나라의 명절이나 기념일 중에서 소개하고 싶은 날이 있습니까? 그날은 어떤 날인지 그날의 유래, 풍습, 음식, 놀이에 대해서 이야기해 보세요.

02 여러분 나라의 명절이나 기념일을 소개하는 글의 개요를 작성하고 글을 써 보세요.

제목: ____________________

들어가는 말		
본문	유래	
	풍습	
	음식	
	놀이	
맺는 말		

Tip 소개의 글 쓰기

소개의 글은 어떤 대상이나 사물에 대한 객관적 사실을 다른 사람들에게 자세히 전달하는 글이다. 소개의 글을 쓸 때는 다음 사항에 유의하여 쓴다.

- 먼저 소개하려고 하는 대상을 정해 그것이 무엇인지 의미를 설명한다.
- 소개하려고 하는 대상이 언제 어디에서부터 시작되었는지 유래가 있으면 설명한다.
- 무엇에 대해서 소개할 것인지를 세분화하여 하나씩 자세히 설명한다.

관용 표현

녹초가 되다 / 손이 모자라다 / 손꼽아 기다리다

49

01 다음 표현의 의미를 추측해 보고 맞는 것을 찾아 연결해 보세요.

(1)	녹초가 되다	•	•	일할 사람이 부족하다.
(2)	손이 모자라다	•	•	기대에 차 있거나 안타까운 마음으로 날짜를 꼽으며 기다리다.
(3)	손꼽아 기다리다	•	•	너무 지쳐 기운이 없고 힘을 못 쓰는 상태가 되다.

02 관용 표현을 사용해서 대화를 완성해 보세요.

(1) A : 방학이 언제예요?
B : 기말 시험만 끝나면 방학이에요. 그동안 공부하느라 너무 힘들어서 방학이 되기만을 ____________________.

(2) A : 왜 이렇게 피곤해 보여요? 회사 일이 힘들어요?
B : 말도 마세요. 어찌나 일이 힘든지 밤이면 ____________________ 집에 들어오자마자 정신없이 자요.

(3) A : 일이 너무 많아 보이는데 제가 좀 도와 드릴까요?
B : 그래 줄래요? 그렇지 않아도 ____________________ 걱정하고 있었는데 정말 고마워요.

03 다음 상황에 맞게 관용 표현을 사용해서 대화를 완성해 보세요.

(1)
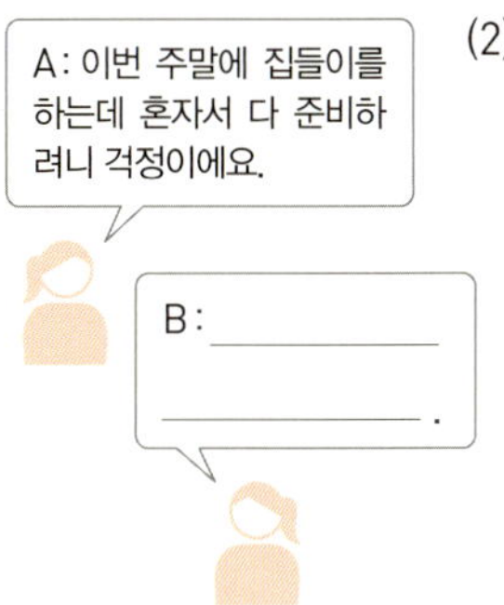

(2)
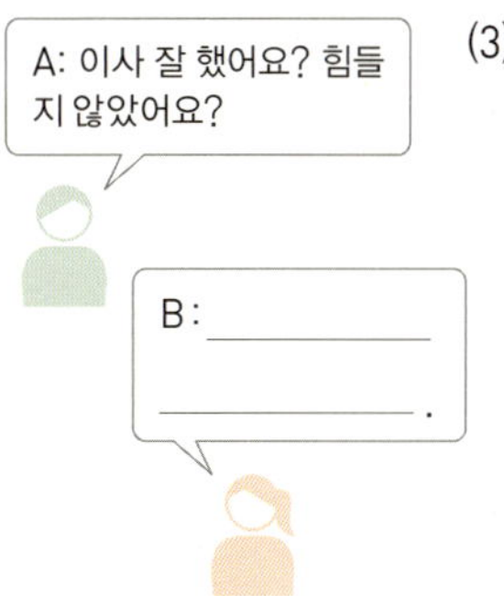

(3)
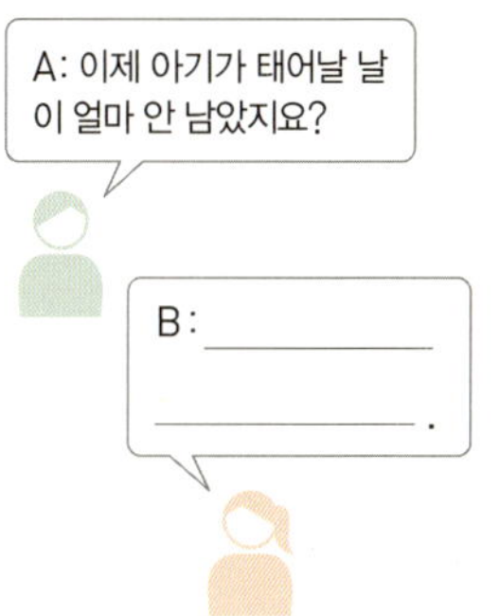

문화와 생활

내 더위 사 가시오

옛날 한국 사람들에게 달은 풍요의 상징이었다. 그래서 농사를 시작하는 첫 번째 보름을 대명절로 여기며 한 해 동안 농사가 잘되고 가족들이 아무 탈 없이 편안하기를 기원하는 여러 가지 일들을 했다. 이날을 정월 대보름이라고 한다.

정월 대보름에는 아침 일찍 일어나 밤, 호두, 잣, 은행 등의 '부럼'을 소리 나게 깨물어 먹는다. 이렇게 하면 일 년 내내 피부병이 생기지 않을 뿐만 아니라 이가 단단해진다고 한다. 또한 이른 아침에 청주를 데우지 않고 차갑게 마시는데 이를 '귀밝이술'이라고 하며 이것을 마시면 귀가 밝아지고 귓병이 생기지 않을 뿐만 아니라 일 년 동안 좋은 소식을 듣는다고 한다. 그리고 이날에는 오곡밥과 나물을 꼭 먹는다. 여기에는 한 해를 건강하게 보내기 위한 소망이 담겨 있다.

정월 대보름에는 재미있는 풍습도 있는데 이날 맨 처음 만난 친구의 이름을 불러서 "응?" 하고 대답하면 "내 더위 사 가라!"라고 말하며 더위를 판다. 이것은 '내 더위를 네가 가져가라'는 뜻으로 더위를 판 사람은 그해에 더위를 먹지 않고 건강하게 여름을 보낼 수 있다고 한다. 무더운 여름을 시원하게 보내기 위해 이번 정월 대보름에는 친구에게 더위를 팔아 보면 어떨까.

01 '내 더위 사 가시오'라는 풍습은 무엇입니까?

02 여러분 나라에도 재미있는 풍습이 있습니까? 그것은 무엇인지 언제, 어떻게 하는 것인지 함께 이야기해 보세요.

문학 기행

설날 아침에(시)

01 여러분은 설날이 되면 보통 어떤 생각이 듭니까?

02 시인이 어떤 마음가짐으로 한 해를 시작하고자 하는지 생각하면서 감상해 보세요.

설날 아침에

김종길(1926~)

매양 추위 속에
해는 가고 또 오는 거지만

새해는 그런대로 따스하게 맞을 일이다.

얼음장 밑에서도 고기가 숨쉬고
파릇한 미나리 싹이
봄날을 꿈꾸듯

새해는 참고
꿈도 좀 가지고 맞을 일이다.

오늘 아침
따뜻한 한 잔 술과
한 그릇 국을 앞에 하였거든

그것만으로도 푸지고
고마운 것이라 생각하라.

세상은
험난하고 각박하다지만
그러나 세상은 살 만한 곳.

한 살 나이를 더한 만큼
좀 더 착하고 슬기로울 것을 생각하라.

아무리 매운 추위 속에
한 해가 가고
또 올지라도

어린 것들 잇몸에 돋아나는
고운 이빨을 보듯

새해는 그렇게 맞을 일이다.

『성탄제』, 삼애사, 1969

(1) 시 속에서 설날을 맞이하는 시인의 태도를 찾아 보세요.

(2) 시를 통해서 알 수 있는 시인의 가치관과 인생관을 이야기해 보세요.

03 여러분은 다가오는 새해를 어떻게 맞이하고 싶습니까? 함께 이야기해 보세요.

매양 · 따스하다 · 파릇하다 · 푸지다 · 험난하다 · 각박하다 · 슬기롭다 · 돋아나다

제8과

결혼

제8과 결혼관과 결혼문화

Part 1 준비합시다 — 1 여간 -지 않다 2 -도록 3 (으)로 인해

말해 봅시다 — 자신이 원하는 배우자와 결혼식에 대해 말하기

Part 2 토의해 봅시다 — 변화하는 결혼 풍습에 대해 토의하기

들어 봅시다 — 신세대들의 결혼관에 대한 뉴스 듣기

Part 3 읽어 봅시다 — 결혼에 대한 설문 조사 보고의 글 읽기

써 봅시다 — 결혼에 대한 설문지 작성 및 설문 결과 정리의 글 쓰기

관용 표현 — 국수를 먹다 / 바가지를 긁다 / 눈에 콩깍지가 씌다

CULTURE & LITERATURE

문화와 생활 — 함 사세요

문학 기행 — 「사랑손님과 어머니」(소설)

Part 1

준비합시다

01 여간 -지 않다

50

아이를 키우는 일은 무척 어렵습니다. 어떤 일이 보통을 넘어 매우 그렇다는 것을 어떻게 말할까요?

A 아들이 사춘기라서 걱정이 많죠?

B 네. 요즘 반항도 많이 하고 말도 잘 안 들어요. 아이를 키운다는 게 여간 어렵지 않네요.

문법

'여간+A/V지 않다'는 어떤 상태가 보통이 아니고 몹시 그렇다는 것으로 강한 긍정을 의미한다. 명사 뒤에서는 '여간 N+이/가 아니다'의 형태로 쓰인다.

예 아이가 여간 잘 먹지 않아요.
우리 사장님은 여간 부자가 아니에요.

연습

다음 사실에 대한 상태를 '여간 -지 않다'를 사용해서 말해 보세요.

	사실	사실에 대한 상태
보기	남자 친구에게서 청혼을 받았다	너무 갑작스러운 일이라 많이 놀라다
①	아버님이 돌아가셨다	효도를 하지 못해 몹시 후회가 되다
②	다음 달에 결혼을 하다	이것저것 준비하느라 너무 바쁘다
③	원하는 대학에 합격했다	등록금이 매우 부담스럽다
④	이번 휴가에 가족 여행을 가다	가족 여행은 처음이라 몹시 설레다

· 반항
· 갑작스럽다

A 남자 친구에게서 청혼을 받았다면서요? 기쁘시겠어요.

B 네. 그런데 너무 갑작스러운 일이라 여간 놀라지 않았어요.

02 -도록

결혼식에서 주례자가 신랑 신부에게 할아버지 할머니가 될 때까지 서로 오랫동안 사랑하면서 살라는 것을 어떻게 말할까요?

A 신랑 신부는 검은 머리가 파뿌리가 되도록 서로 사랑하겠습니까?
B 네. 그렇게 하겠습니다.

문법

'V+도록'은 뒤에 나오는 행위의 방식, 정도, 시간의 한계 등을 나타낸다.

예 요즘 사라 씨는 백화점 문턱이 닳도록 드나든다.
깨우 씨가 한 달이 넘도록 전화 한 통 없어요.

연습

다음 중 적절한 것을 골라 현재 상황에 대한 이유를 '-도록'을 사용해서 말해 보세요.

눈이 빠지다 목이 터지다 입에 침이 마르다 손이 발이 되다 귀에 못이 박히다

	현재 상황	이유
보기	목이 많이 쉬었다	어제 축구 경기를 보면서 응원했다
①	기운이 없고 우울해 보이다	여자 친구에게 큰 실수를 해서 며칠 동안 빌었는데 사과를 받아주지 않다
②	배가 부르다면서 끝까지 먹고 있다	음식을 버리면 벌 받는다고 부모님께 들었다
③	점심을 먹으러 먼 곳까지 갔다 왔다	친구가 그 식당이 음식을 잘한다고 칭찬했다
④	문 앞에서 초조하게 서성거리고 있다	중요한 택배가 오기로 해서 기다리고 있다

A 왜 그렇게 목이 많이 쉬었어요?
B 어제 축구 경기를 보면서 목이 터지도록 응원했거든요.

· 눈이 빠지다
· 터지다
· 목이 쉬다
· 벌
· 서성거리다

03 (으)로 인해

52

출산율이 떨어져서 인구가 계속 줄어들 것 같습니다. 어떤 일에 대한 원인을 말할 때 어떻게 말할까요?

A 한국의 인구 변화에 대해 어떻게 전망하십니까?

B 출산율 저하로 인해 인구가 계속 감소할 것으로 보입니다.

문법

'N+(으)로 인해'는 앞의 내용이 뒤의 상황이나 사태에 대한 원인이나 이유가 됨을 나타낸다. '인해'를 생략하고 '(으)로'만 사용하기도 하며 명사가 뒤에 올 경우에는 '(으)로 인한+N'의 형태로 쓰인다.

예 태풍으로 인해 농작물의 피해가 심각하다.

연습

다음은 텔레비전 뉴스에서 앵커와 기자가 주고받는 대화입니다. 다음 결과에 대한 원인을 '(으)로 인해'를 사용해서 말해 보세요.

	원인	결과
보기	등산객이 담배꽁초를 버렸다	북한산에 큰 산불이 났다
①	어제 비가 갑자기 쏟아졌다	한강의 물이 많이 불었다
②	올해 가뭄이 심하게 들었다	남부 지방의 농작물이 대부분 말라 버렸다
③	무더위가 연일 계속되었다	이번 달 전기 사용량이 급증했다
④	오늘 새벽에 안개가 짙게 끼었다	고속도로에서 10중 추돌 사고가 났다

A 북한산에 큰 산불이 났다고 하던데요, 원인이 무엇입니까?

B 네, 등산객이 버린 담배꽁초로 인해 큰 산불이 났다고 합니다.

- 저하
- 물이 붇다
- 농작물
- 가뭄이 들다
- 급증하다
- 추돌

말해 봅시다

자신이 원하는 배우자와 결혼식에 대해 말하기

왕단 빨리 결혼하고 싶은데 아직 마음에 드는 사람을 만나지 못했습니다. 어떤 사람과 결혼하고 싶은지, 결혼식은 어떻게 하고 싶은지 말하고 친구에게도 물어보세요.

히로 친구에게 어떤 사람과 결혼하고 싶은지 말하세요. 그리고 그 이유도 말해 보세요.

Try it! 다음 대화 틀을 따라 대화를 구성해 보세요.

	왕단	히로
1	결혼 계획 묻기	아직 구체적인 계획이 없음을 말하고 친구의 결혼 계획 묻기
2	빨리 결혼하고 싶지만 결혼 상대자가 없음을 말하기	어떤 배우자를 원하는지 묻기
3	**자신이 원하는 배우자에 대해 말하기**	**눈이 아주 높음을 말하기**
4	친구가 원하는 배우자에 대해 묻기	**자신이 원하는 배우자에 대해 말하기**
5	의외임을 말하기	**자신이 원하는 배우자에 대한 이유 말하기**
6	**친구가 원하는 결혼식 묻고 자신이 원하는 결혼식 말하기**	**자신이 원하는 결혼식 말하고 소개 부탁하기**
7	**자신이 더 급한 상황임을 말하기**	

Part 1

말해 봅시다

자신이 원하는 배우자에 대해 말하기

A 어떤 사람이랑 결혼하고 싶어요?

B 저는 일단 성격 좋고 능력 있는 사람이면 좋겠어요. 이왕이면 키도 크고 잘생기면 더 좋죠.

응용		
가치관 / 취미 / 관심사가 비슷하다	가정환경이 비슷하다	종교가 같다
경제적인 능력이 있다	직장이 확실하다 / 안정적이다	학벌이 좋다
다정다감하다	성실하다	애교가 많다

눈이 아주 높음을 말하기

눈이 여간 높지 않네요. / 눈이 상당히 높은데요.

눈이 너무 높은 거 아니에요?

어떤 말을 자주 들었음을 말하기

귀가 닳도록 들었어요. / 귀가 아프게 자주 들었어요.

귀에 못이 박히도록 들었어요.

자신이 원하는 결혼식에 대해 말하기

A 결혼식은 어떻게 하고 싶어요?

B 저는 호텔에서 많은 하객들의 축하를 받으면서 좀 화려하게 하고 싶어요.

응용 바닷가 – 단둘이 – 낭만적으로　　야구장 – 여러 친구들 – 이색적으로

예식장 – 양가 부모님과 가까운 친척 – 조촐하게

자신이 더 급한 상황임을 말하기

제 코가 석 자예요. / 지금 제가 다른 사람 생각할 여유가 어디 있어요?

제가 더 급해서 다른 사람을 생각할 겨를이 없어요.

대화

53

왕단 히로 씨는 언제쯤 결혼할 생각이에요?

히로 글쎄요, 좋은 사람 생기면 하려고요. 왕단 씨는요?

왕단 저는 빨리 결혼하고 싶은데 아직 결혼하고 싶은 사람을 못 만났어요.

히로 그래요? 왕단 씨는 어떤 사람이랑 결혼하고 싶은데요?

왕단 음……. 저는 일단 성격 좋고 능력 있는 사람이면 좋겠어요. 이왕이면 키도 크고 잘생기면 더 좋죠.

히로 왕단 씨, 눈이 여간 높지 않은데요. 그런 사람 만나기가 쉽지 않을 것 같아요.

왕단 제가 눈이 높은 건가요? 그럼 히로 씨는 어떤데요?

히로 저는 외모는 별로 상관없어요. 그냥 저와 성격이 비슷하고 취미도 좀 같았으면 좋겠어요.

왕단 어, 의외인데요? 히로 씨는 외모를 많이 따질 줄 알았어요.

히로 외모보다는 어떤 사람인지가 더 중요하죠. 결혼은 성격이 비슷한 사람들끼리 해야 잘 산다고 사람들한테서 귀에 못이 박히도록 들었거든요.

왕단 그렇군요. 그런데 히로 씨, 결혼식은 어떻게 하고 싶어요? 저는 호텔에서 많은 하객들의 축하를 받으면서 좀 화려하게 하고 싶어요.

히로 글쎄요, 생각 안 해 봤는데요. 결혼할 사람이 있어야 그런 고민을 하지요. 왕단 씨, 주변에 좋은 사람 있으면 소개 좀 해 주세요.

왕단 히로 씨, 무슨 소리예요? 지금 제 코가 석 자라고요.

확장

여러분은 어떤 사람과 결혼하고 싶습니까? 그리고 결혼식은 어떻게 하고 싶습니까? 자신이 원하는 배우자와 결혼식에 대해 이야기해 보세요.

· 확실하다 · 다정다감하다 · 애교 · 상당히 · 하객 · 양가 · 조촐하다 · 단둘

Part 2

토의해 봅시다

변화하는 결혼 풍습에 대해 토의하기

01 한국의 결혼 풍습에 대한 다음의 표를 보고 함께 이야기해 보세요.

	1900년대 이전의 결혼 풍습	현대의 결혼 풍습
결혼 결정	중매를 통해 양가 어른들이 결정한다.	남녀가 자유롭게 만나 연애하고 당사자들이 결정한다.
결혼 날짜	신랑의 생년월일을 받아 신부 쪽에서 정한다.	양가가 의논해서 주로 날씨가 좋은 봄, 가을의 주말 낮으로 정한다.
결혼 장소	신부의 집 마당에서 결혼을 한다.	예식장, 호텔, 교회 등에서 결혼을 한다.
결혼 복장	전통 예복을 입으며 신부는 볼에 연지를 찍고 족두리를 쓴다.	신랑은 턱시도를 입고 신부는 웨딩드레스에 면사포를 쓴다.
결혼 절차	결혼식의 절차가 복잡하며 일정한 형태로 정해져 있다.	결혼식의 절차가 간단하며 진행 방법도 다양하다.

(1) 결혼 풍습이 어떻게 달라졌는지 함께 이야기해 보세요.

(2) 여러분은 이러한 변화에 대해 어떻게 생각합니까? 함께 이야기해 보세요.

02 다음에 대해서 자신의 생각을 바탕으로 토의해 보세요.

(1) 여러분 나라의 결혼 풍습은 어떻습니까? 과거의 결혼 풍습과 비교했을 때 어떤 점이 달라졌습니까? 함께 이야기해 보세요.

나라	과거의 결혼 풍습	현대의 결혼 풍습

- 중매
- 연애
- 당사자
- 예복
- 연지
- 족두리
- 턱시도
- 면사포

(2) 결혼 풍습이 과거와 달라진 원인은 무엇일까요? 또한 앞으로는 결혼 풍습이 어떻게 변화할까요? 달라진 결혼 풍습의 원인과 미래의 결혼 풍습에 대해 함께 이야기해 보세요.

달라진 결혼 풍습과 그 원인
· 결혼식의 절차가 간단해지고 진행 방법도 다양해진 원인은 사람들이 일정한 틀에 얽매이는 것을 싫어하고 자신만의 개성을 중시하게 되었기 때문이다.

미래의 결혼 풍습
· 개인의 취향과 개성이 더욱 강조되면서 기존의 결혼식과는 다른 독특하고 재미있는 결혼식이 많이 등장하게 될 것이다.

03 요즘의 결혼 풍습은 과거의 결혼 풍습과 많이 달라졌습니다. 결혼 풍습이 어떻게 달라졌으며 달라진 원인은 무엇인지, 앞으로는 어떻게 변화할지 토의한 내용을 바탕으로 정리해서 써 보세요.

토의 표현

자신의 의견 정리해서 말하기

- 한마디로
- 정리하자면
- 간단히 말씀드리자면
- 종합해서 말씀드리면

예

A 과거와 달리 요즘은 결혼식의 절차가 많이 간단해졌고 진행 방법도 다양해졌습니다. 그렇다면 미래에는 어떻게 변화할까요?

B 요즘 결혼식에 가 보면 주례를 생략하고 신랑 신부가 직접 혼인 서약서를 읽는가 하면 재미있는 이벤트처럼 결혼식을 진행하기도 합니다. 기존의 관습이나 틀을 따르기보다는 자신만의 독특한 개성을 추구하고 있는 현대인들의 특성이 결혼식에도 나타나고 있는 것이라 할 수 있는데요. 이러한 모습이 앞으로는 더 심화되지 않을까요? 간단히 말씀드리자면 미래에는 개인의 취향과 개성이 더욱 강조되면서 결혼식의 형태도 지금보다 훨씬 다양해질 것으로 보입니다.

· 얽매이다
· 주례
· 혼인 서약서
· 관습

Part 2

들어 봅시다

신세대들의 결혼관에 대한 뉴스 듣기

01 다음은 결혼을 준비하고 있는 모습입니다. 어떻게 다른지 그림을 보고 이야기해 보세요.

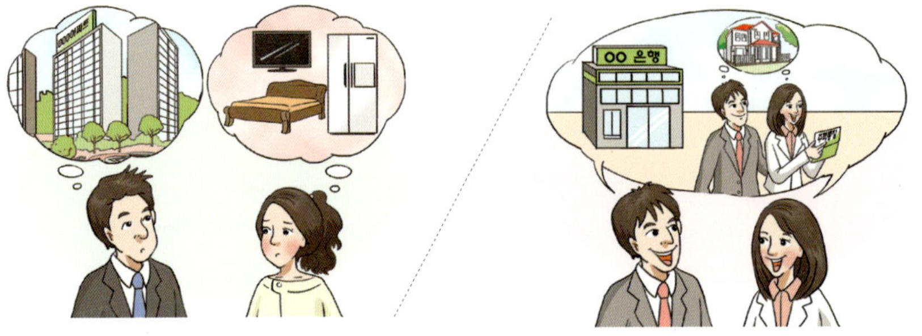

02 다음은 신세대들의 결혼에 대한 생각과 결혼 준비에 대한 뉴스입니다. 듣고 물음에 답하세요. 54

(1) 요즘 젊은 세대들은 결혼을 무엇이라고 생각합니까?

(2) 요즘 젊은이들의 결혼 준비에 대한 생각으로 맞는 것을 고르세요.

① 집은 남자가 장만하는 것이 좋다.

② 결혼 준비 비용을 미래를 위해 투자하고 싶다.

③ 예물은 서로 주고받지 않으며 결혼식도 안 하는 게 좋다.

④ 혼수나 집 등 결혼에 필요한 것들을 어느 정도 갖추고 결혼하고 싶다.

(3) 듣고 맞는 것에 ✓표 하세요.

① 이 조사는 결혼한 사람을 대상으로 한 설문 조사 결과이다.

네 ______ 아니요 ______

② 요즘 젊은 세대들은 결혼에 대해 기성세대보다 현실적으로 생각한다.

네 ______ 아니요 ______

③ 젊은 세대들의 결혼관은 변했지만 실제 결혼 준비 과정은 기존과 다르지 않다.

네 ______ 아니요 ______

- 장만하다
- 투자하다
- 기성세대
- 예물
- 혼수

03 여러분은 결혼을 무엇이라고 생각합니까? 그리고 여러분 나라의 젊은 세대들은 결혼에 대해 어떻게 생각하고 있는지 함께 이야기해 보세요.

Part 3 읽어 봅시다

결혼에 대한 설문 조사 보고의 글 읽기

01 다음 자료를 보고 함께 이야기해 보세요.

(1) 다음 설문지는 무엇을 알아보기 위한 것입니까? 설문지를 보고 여러분이 더 추가하고 싶은 질문이 있으면 만들어 보세요.

결혼 후 자녀 계획 및 육아에 대한 설문 조사

안녕하십니까?
저희는 이화여자대학교 언어교육원에서 공부하고 있는 외국인 학생입니다. 저희는 한국 미혼 남성들의 결혼 후 자녀 계획 및 육아에 대한 생각을 알아보고자 합니다. 설문의 결과와 개인의 정보는 다른 목적으로 이용되지 않습니다. 질문에 성의껏 답변해 주시면 감사하겠습니다.

- 연령: (　　) 세

(1) 결혼을 하면 아이를 낳겠습니까?
① 낳겠다　② 낳지 않겠다　③ 잘 모르겠다.
(1)-1 낳지 않겠다면 그 이유는 무엇입니까? (　　)

(2) 이상적인 자녀의 수는 몇 명이라고 생각하십니까?
① 1명　② 2명　③ 3명 이상

(3) 선호하는 자녀의 성별이 있습니까?
① 아들　② 딸　③ 아들, 딸 상관없다

(4) 결혼 후 육아는 누가 담당해야 한다고 생각합니까?
① 여성　② 남성　③ 부부 공동

설문에 답변해 주셔서 감사합니다.

(2) 위 설문 조사에 대한 결과입니다. 그래프를 보고 왜 이런 결과가 나왔을지 함께 이야기해 보세요. 그리고 다른 문항에 대한 결과도 추측해 보세요.

결혼을 하면 아이를 낳겠습니까?

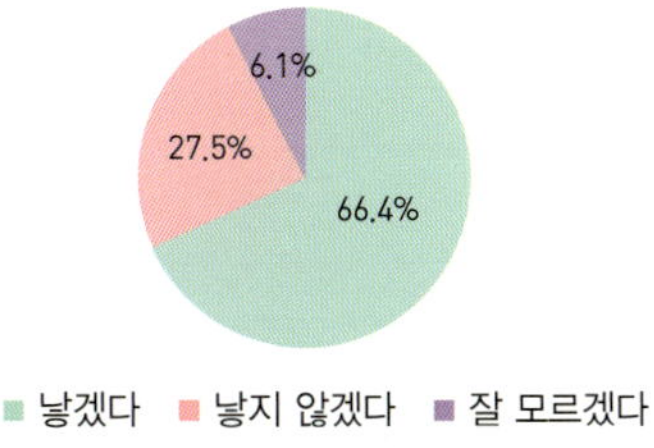

이상적인 자녀의 수는?

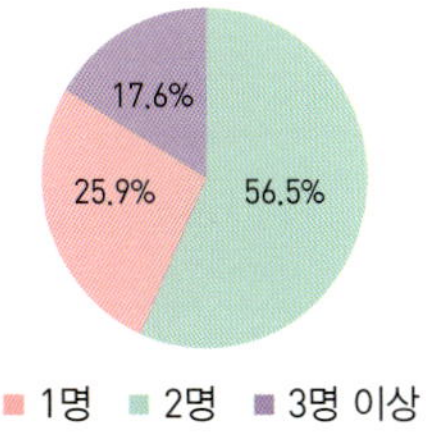

- 성의껏
- 성별
- 담당하다
- 문항

Part 3

읽어 봅시다

02 다음은 결혼과 가족계획에 대한 설문 조사 보고의 글입니다. 읽고 물음에 답하세요. 55

결혼 후 자녀 계획과 육아에 대한 조사 보고서

과거 한국인은 자녀를 중요하게 생각해서 아이를 많이 낳았으며 특히 대를 이을 수 있는 아들을 선호했다. 또한 남녀가 하는 일에 대한 구분이 명확해서 남편은 바깥일을, 아내는 집안일과 자녀의 양육을 담당해야 한다고 여겼다. 그렇다면 요즘도 그렇게 생각할까? 한국인, 그중 특히 미혼 남성들의 결혼 후 자녀 계획과 육아에 대한 생각을 알아보고자 25세~35세의 미혼 남성 200명을 대상으로 설문 조사를 실시했다.

먼저 결혼 후 아이를 낳을 것인지에 대한 질문에 66.4%가 낳겠다고 답한 반면 낳지 않겠다는 응답은 27.5%로 나타났다. 아이를 낳지 않는 이유로는 대부분의 사람들이 육아와 교육비에 대한 부담감 때문이라고 답했다. 조사 결과를 보면 자녀가 필요하다고 생각하는 사람이 여전히 높은 비율을 차지하고 있다. 그러나 자녀가 필수 사항은 아니라고 생각하는 사람도 적지 않음을 알 수 있다.

다음으로 이상적인 자녀수를 묻는 질문에는 2명이라고 응답한 사람이 56.5%로 가장 많았고, 1명이 25.9%, 3명 이상이 17.6% 순으로 나타났다. 최근 한국에서는 육아나 교육비에 대한 부담, 그리고 개인주의적 가치관의 확산으로 인해 출산율이 꾸준히 감소하고 있다. 따라서 이상적인 자녀의 수도 낮을 것이라 추측했으나 두 명이나 세 명 이상이라고 응답한 비율이 70%를 넘어 예상과 많이 달랐다.

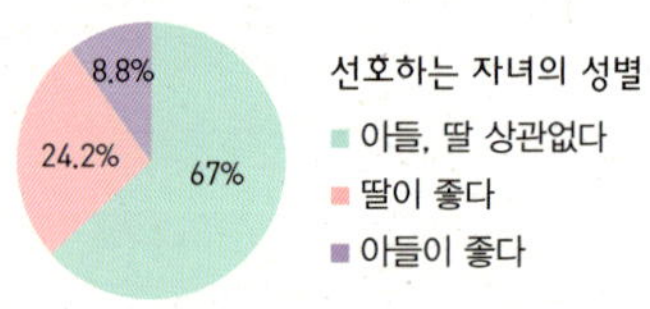

선호하는 성별을 묻는 질문에는 아들, 딸 상관없다는 응답이 67%로 가장 많았으며 딸이 좋다는 응답이 24.2%로 그 뒤를 이었다. 그러나 의외로 아들을 선호한다는 응답은 8.8%에 그쳤다. 이를 통해 과거의 '남아 선호 사상'이 많이 사라졌음을 알 수 있다.

마지막으로 육아는 누가 담당해야 하는지를 묻는 질문에 67%가 '부부 공동'이라고 답했으며 '여성'이라고 응답한 사람은 33%로 나타났다. 이러한 결과는 '육아는 여성의 몫'이라고 생각했던 과거의 고정 관념이 많이 깨졌음을 보여주는 것이다.

설문 조사 결과를 정리해 보면 요즘 한국의 미혼 남성들 중 많은 사람들은 여전히 결혼해서 자녀를 갖고 싶어 했다. 그리고 아들보다는 딸을 선호했으며 육아도 여성만의 일이 아닌 부부 공동의 일로 받아들이고 있었다. 한국 사회에는 남성 중심의 가부장적인 생각이 많이 남아 있을 것이라 생각했으나 이번 조사 결과를 통해 젊은 남성들의 가치관이 많이 변화했음을 알 수 있었다.

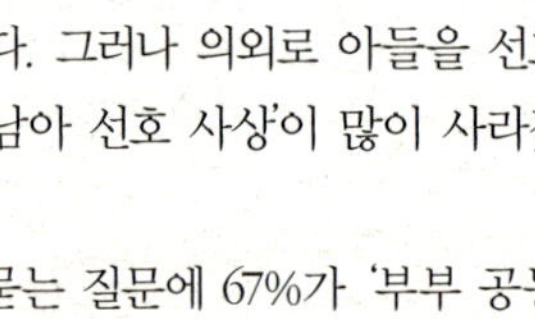

- 대를 잇다
- 양육
- 응답
- 비율
- 차지하다
- 순
- 꾸준히
- 남아 선호 사상
- 몫
- 가부장적
- 과반수

(1) 조사를 실시한 목적은 무엇입니까?

① 한국의 미혼 남성들이 생각하는 이상적인 부모의 모습을 알아보기 위해서
② 조사를 통해 과거의 전통적 가치관이 얼마나 남아 있는지 알아보기 위해서
③ 자녀 계획과 육아에 대한 남녀의 생각이 얼마나 다른지 비교해 보기 위해서
④ 한국 미혼 남성들의 결혼 후 자녀 계획과 육아에 대한 생각을 알아보기 위해서

(2) 조사의 대상과 조사 방법은 무엇인지 써 보세요.

조사 대상	
조사 방법	

(3) 조사 결과로 맞지 않는 것은 무엇입니까?

① 남자가 육아를 담당해야 한다고 응답한 사람은 없었다.
② 결혼 후 아이를 낳겠다는 응답자가 절반 이상을 차지했다.
③ 선호하는 성별로 아들을 선택한 응답자의 비율이 가장 낮았다.
④ 육아를 부부 공동으로 책임져야 한다는 응답자가 과반수에 못 미쳤다.

(4) 글을 읽고 맞는 것에 ✔표 하세요.

① 조사 결과를 보면 이상적인 자녀의 수는 예상보다 많았다. 네 ____ 아니요 ____
② 과거에는 집안일은 여자가, 자녀 양육은 남녀가 공동으로 해야 한다고 생각했다.
네 ____ 아니요 ____
③ 조사 결과를 통해 현재 한국 남성들이 육아에 어떻게 참여하고 있는지를 알 수 있다.
네 ____ 아니요 ____
④ 조사 결과를 통해 아직도 한국의 남성들은 가부장적인 생각을 많이 가지고 있음을 알 수 있다. 네 ____ 아니요 ____

Part 3

써 봅시다

결혼에 대한 설문지 작성 및 설문 결과 정리의 글 쓰기

01 결혼이나 가족과 관련된 한 가지 주제를 정해서 설문지를 만들어 보세요.

제목	__________ 에 대한 설문 조사				
설문 조사에 대한 협조 요청의 말					
응답자의 기초 인적 사항					
질문 문항 및 선택 항목	(1)				
	①	②	③	④	⑤
	(2)				
	①	②	③	④	⑤
감사의 말					

02 친구들에게 설문 조사를 한 뒤 하나의 질문 문항에 대해 그 결과를 정리해서 써 보세요.

설문 조사 결과 정리		
그래프나 도표	표현	• –을/를 대상으로 –을/를 조사한 결과 • –이/가 (00%로/A,B,C 순으로) 나타났다 • –이/가 (00%/00% 이상/00% 이하/과반수)을/를 차지했다

Tip 설문지 작성 및 설문 결과 정리의 글 쓰기

설문지는 어떤 주제에 대해 조사를 하거나 통계 자료 등을 얻기 위해 만든 질문지이다. 설문지를 작성하고 그 결과를 정리해 글을 쓸 때는 다음 사항에 유의하여 쓴다.

- 설문지를 작성할 때는 먼저 제목을 쓴 후 협조를 요청하는 말을 쓴다. 이때 설문의 목적, 이유를 분명히 제시한다.
- 다음으로 성별, 연령, 국적, 결혼 유무 등 응답자의 기초 인적 사항을 묻는다.
- 질문 문항을 작성할 때는 일반적인 문항에서 구체적인 문항으로 작성한다.
- 설문 결과를 정리할 때는 내용에 따라 도표나 그래프를 사용하며, 결과를 분석해 제시할 때는 가장 높은 비율이 나온 것부터 차례로 쓴다.

관용 표현

국수를 먹다 / 바가지를 긁다 / 눈에 콩깍지가 씌다 56

01 다음 표현의 의미를 추측해 보고 맞는 것을 찾아 연결해 보세요.

(1)	국수를 먹다	•	•	결혼식을 올리다.
(2)	바가지를 긁다	•	•	너무 좋아해서 상대방의 단점, 나쁜 점이 제대로 보이지 않다.
(3)	눈에 콩깍지가 씌다	•	•	주로 아내가 남편에게 생활의 어려움에서 오는 불평과 잔소리를 심하게 하다.

02 관용 표현을 사용해서 대화를 완성해 보세요.

(1) A : 그 남자와는 잘 돼 가요? 결혼 날짜 잡았어요?
B : 아니요, 아직 결혼할지 말지 고민 중이에요.
A : 아직도요? 도대체 언제 ________________ 줄 거예요?

(2) A : 김 과장, 무슨 일 있어? 왜 이렇게 기운이 없어?
B : 아내가 아침부터 ________________ 일할 기분이 나지 않네요.

(3) A : 남편이 담배를 너무 많이 피우는데 좀 끊었으면 좋겠어요.
B : 왜요? 담배 피우는 모습에 반해서 결혼한 거잖아요.
A : 그때는 ________________ 아무것도 안 보였나 봐요.

03 다음 상황에 맞게 관용 표현을 사용해서 대화를 완성해 보세요.

(1) A: 저 다음 주에 결혼해요!
B: ________________
________________.

(2) A: 여보, 지출이 왜 이렇게 많아요? 월급도 많지 않은데 도대체 어떻게 살림을 하라고요.
B: ________________
________________.

(3) A: 사라 씨 남자 친구 봤어요? 제가 보기에는 별로던데…….
B: ________________
________________.

문화와 생활

함 사세요

함은 결혼 전에 신랑 쪽에서 신부 쪽에 보내는 나무 상자를 말한다. 함에는 보통 귀한 딸을 보내 주셔서 감사하다는 글을 적은 혼서지와 청색과 홍색의 비단이나 한복, 신부를 위한 예물, 그리고 나쁜 것을 막아 준다는 오방주머니를 넣는다. 전통적으로는 오동나무나 자개로 만든 함을 사용했는데 요즘은 간편하게 신혼여행 가방을 사용하기도 한다.

함은 남편의 친구 중에서 아들을 낳고 금슬이 좋은 사람이 지고 가는데 이 사람을 함진아비라고 한다. 함진아비는 마른 오징어로 만든 가면을 쓰고 큰 소리로 "함 사세요! 하고 동네를 누비고 다니며 동네 구경꾼들은 함진아비를 놀려 주기도 한다. 함은 두 사람이 부부가 된다는 것을 공식적으로 온 동네에 알리는 것이다. 함진아비는 신부 집까지 함을 바닥에 내려놓지 않고 가야 하며 반드시 정장을 입어야 한다.

신부 집에서는 함이 오기를 기다리며 문 밖에 있다가 친구들이 오면 봉투에 돈을 넣어 발걸음마다 놓는데 이를 함 값이라 한다. 함 값은 함을 가지고 온 친구들에게 주는 일종의 수고비이다. 함을 받은 신부는 신랑 친구들에게 음식과 술을 대접하고 친구들은 신랑 신부의 결혼을 축복해 주고 흥겹게 놀다가 돌아간다.

01 함에는 어떤 것들이 들어갑니까?

02 여러분 나라에도 신랑과 신부를 위해 친구들이 해 주는 것이 있습니까? 함께 이야기해 보세요.

사랑손님과 어머니(소설)

01 제목에서 '사랑'은 한국의 전통 가옥에서 손님이 묵는 '사랑방'을 의미합니다. 제목을 보고 소설의 내용을 추측해서 이야기해 보세요.

02 다음 소설에서 어머니의 심리 상태는 어떤지 생각하면서 감상해 보세요.

사랑손님과 어머니

주요섭(1902~1972)

"옥희, 이거 갖다가 엄마 드리고 지나간 달 밥값이라구, 응"

나는 그 봉투를 갖다가 어머니에게 드렸습니다. (중략) 나는, "그거 지나간 달 밥값이래." 하고 말을 하니까, 어머니는 잠자다 깨나는 사람처럼 "응?" 하고 놀라더니 또 금시에 백지장같이 새하얗던 얼굴이 빨갛게 물들었습니다. 봉투 속으로 들어갔던 어머니의 파들파들 떨리는 손가락이 지전을 몇 장 끌고 나왔습니다. 어머니는 입술에 약간 웃음을 띠면서 후 하고 한숨을 내쉬었습니다. 그러나 그것도 잠깐, 다시 어머니는 무엇에 놀랐는지 흠칫하더니 금시에 얼굴이 새하얘지고 입술이 바르르 떨렸습니다. 어머니의 손을 바라다보니 거기에는 몇 장 외에 네모로 접은 하얀 종이가 한 장 접혀 있는 것이었습니다.

어머니는 한참을 망설이는 모양이었습니다. 그러더니 무슨 결심을 한 듯이 입술을 악물고 그 종이를 차근차근 펴들고 그 안에 쓰인 글을 읽었습니다. 나는 그 안에 무슨 글이 씌어 있는지 알 도리가 없었으나 어머니는 그 글을 읽으면서 얼굴이 파랬나 빨갰다 하고 그 종이를 든 손은 이제는 바들바들이 아니라 와들와들 떨리어서 그 종이가 부석부석 소리를 내게 되었습니다. 한참 후에 어머니는 그 종이를 아까 모양으로 네모지게 접어서 돈과 함께 봉투에 도로 넣어 반짇고리에 던졌습니다. 그러고는 정신나간 사람처럼 멀거니 앉아서 전등만 치어다 보는데 어머니 가슴이 불룩불룩합니다.

『조광』 창간호, 조선일보사, 1935

(1) 소설에서 어머니의 갈등은 무엇이며 심리 상태는 어떤지 이야기해 보세요.

(2) 어머니의 심리 상태를 나타내는 의태어를 찾아서 직접 행동으로 표현해 보고 느낌의 차이를 이야기해 보세요.

03 사랑손님이 보낸 편지를 상상해서 써 보고 소설의 결말을 추측해 보세요.

갈등 · 바르르 · 지전 · 와들와들 · 부석부석 · 반짇고리 · 불룩불룩 · 장롱

제9과

이웃과 공동체

제9과 이웃과 공동체

Part 1	준비합시다	1 -기는커녕 2 -다고 해서 3 -다가는
	말해 봅시다	이웃 돕기 행사 계획하기
Part 2	토의해 봅시다	더불어 사는 사회를 만들기 위한 방법 토의하기
	들어 봅시다	용감한 시민상을 수상한 시민의 인터뷰 듣기
Part 3	읽어 봅시다	이웃 관계에 대한 칼럼 읽기
	써 봅시다	이웃과 공동체에 대한 칼럼 쓰기
	관용 표현	색안경을 끼고 보다 / 발 벗고 나서다 / 귀를 기울이다

CULTURE & LITERATURE

문화와 생활	상부상조의 정신, 품앗이
문학 기행	「저문 강에 삽을 씻고」 (시)

Part 1

준비합시다

01 -기는커녕

57

친구와 같은 아파트에 살지만 그 친구를 자주 만나지 못하는 것은 물론이고 얼굴도 못 본다는 것을 어떻게 말할까요?

A **수진 씨와 같은 아파트에서 산다면서요? 자주 만나요?**

B **아니요. 자주 만나기는커녕 바빠서 얼굴도 못 봐요.**

문법

'A/V+기는커녕'은 앞과 뒤 내용을 비교하며 앞의 것은 말할 필요도 없음을 강조해서 말할 때 사용한다. 명사 뒤에서는 'N+은/는커녕'의 형태로 쓰인다.

예 손님이 많기는커녕 파리만 날리고 있어요.　　택시는커녕 버스 타고 다닐 돈도 없어요.

연습

다음을 보고 예상과 다른 결과가 일어났음을 '-기는커녕'을 사용해서 말해 보세요.

	한 일	예상	실제
보기	공부를 열심히 했다	이번 시험을 잘 보다	실수를 많이 해서 망쳤다
①	5년 동안 회사에 다녔다	저축을 많이 하다	월급이 적어서 먹고 살기도 빠듯하다
②	이사를 도와주러 온 사람이 많았다	이사가 빨리 끝나다	사람이 많아서 정신이 없었다
③	용돈을 모아서 부모님 선물을 사 드렸다	부모님이 좋아하시다	쓸데없이 돈 썼다고 혼냈다
④	지하철에서 학생의 가방을 들어 주었다	그 학생이 고마워하다	훔쳐간다고 생각했는지 의심하는 눈으로 쳐다봤다

A **공부를 열심히 했으니까 이번 시험을 잘 봤겠어요.**

B **아니요. 잘 보기는커녕 실수를 많이 해서 시험을 망쳤어요.**

· 망치다
· 쓸데없이

02 -다고 해서

58

보통 한집에 살면 서로에 대해 다 안다고 생각하지요? 하지만 꼭 그렇지 않다는 것을 어떻게 말할까요?

A 유키 씨는 사라 씨와 한집에 사니까 서로 모르는 게 없겠어요.
B 아니요. 한집에 산다고 해서 서로 다 아는 건 아니에요.

문법

'A + 다고 해서' 'V + ㄴ/는다고 해서'는 앞의 상황이 항상 뒤의 상황을 가져오는 것은 아님을 말할 때 사용한다. 주로 뒤 문장은 '-(으)ㄴ/는 것은 아니다'라는 부정 표현을 사용한다. 명사 뒤에서는 'N+(이)라고 해서'의 형태로 쓰인다.

예 학점이 좋다고 해서 취업이 보장되는 것은 아니다. 선생님이라고 해서 뭐든지 아는 것은 아니다.

연습

다음의 사실에 대한 예측이 그렇지 않을 수도 있다는 것을 '-다고 해서'를 사용해서 말해 보세요.

	사실	예측	반론
보기	정우가 돈을 많이 벌다	행복하다	돈이 행복의 전부는 아니다
①	경기가 좋지 않다	기부가 줄다	어려운 이웃을 생각하는 마음은 경기를 타지 않다
②	가방 가격이 비싸다	품질이 좋다	품질과 상관없이 이름값인 경우가 많다
③	마틴이 공부를 잘하다	좋은 회사에 취직하다	요즘 기업들은 공부보다 다양한 경험을 더 중요시하다
④	올가의 직업이 요리사이다	집에서 매일 요리하다	집에서는 쉬고 싶다

· 반론

A 정우 씨는 돈을 많이 버니까 행복할 것 같아요.
B 돈을 많이 번다고 해서 꼭 행복한 것은 아니에요. 돈이 행복의 전부는 아니잖아요.

Part 1

03 -다가는

59

파티가 시끄러워서 옆집에서 찾아올 것 같습니다. 어떤 상황이 계속되면 부정적인 결과가 생긴다는 것을 어떻게 말할까요?

A **우리 너무 시끄럽게 떠드는 것 같지 않아요?**
B **그러게요. 이렇게 떠들다가는 옆집에서 시끄럽다고 찾아오겠어요.**

문법

'A/V+다가는'은 앞선 행위가 계속되면 부정적인 결과가 생기게 된다는 것을 나타낸다. 보통 '이렇게, 저렇게, 그렇게'와 같은 부사어와 함께 쓰인다.

예 이렇게 날씨가 춥다가는 동사하는 사람도 생기겠어요.

연습

다음의 행동을 계속하면 어떤 결과가 나타날까요? '-다가는'을 사용해서 말해 보세요.

	행동	이유	예상 결과
보기	텔레비전을 가까이에서 보다	잘 안 보이다	눈이 나빠지다
①	계획 없이 살다	하고 싶은 게 없다	나중에 후회하다
②	군것질을 계속 하다	식욕이 당기다	금세 살이 찌다
③	휴학을 여러 번 하다	전공이 적성에 안 맞다	졸업장을 못 받다
④	쉬지도 못하고 일만 하다	서류 제출일이 내일이다	몸이 망가지다

A **왜 그렇게 텔레비전을 가까이에서 봐요?**
B **잘 안 보여서요.**
A **그렇게 텔레비전을 가까이에서 보다가는 눈이 나빠질 거예요.**

· 동사하다
· 군것질
· 금세

말해 봅시다

이웃 돕기 행사 계획하기

유나 친구에게 재해 소식을 전하고 재해민들을 도울 수 있는 방법을 말해 보세요. 그리고 발이 넓은 친구가 도울 수 있는 일도 제안해 보세요.

왕단 친구와 함께 이웃 돕기 바자회를 계획해 보세요. 그리고 자신의 할 일을 이야기해 보세요.

Try it! 다음 대화 틀을 따라 대화를 구성해 보세요.

	유나	왕단
1	어려운 이웃 사정 말하기	도와줄 방법이 있는지 묻기
2	**이웃 돕기 방법 제안하기**	어려운 점 말하기
3	다른 제안하고 그 이유 말하기	동의하고 바자회에서 할 일 묻기
4	바자회에서 할 일 제안하기	**어떤 일을 할 수 없음을 강조해서 말하기**
5	**요리를 못해도 참여할 수 있다고 말하고 친구가 잘할 수 있는 일 제안하기**	행사를 위해 자기가 할 일 말하기
6	행사를 위해 자기가 할 일 말하기	행사 홍보 계획 말하기

Part 1

말해 봅시다

이웃 돕기 방법 제안하기

A 수재민들을 도와줄 방법이 없을까요?

B 그럼 직접 수해 지역에 가서 자원봉사를 하면 어떨까요?

응용 대상 – 결식아동 / 소년 소녀 가장 / 홀로 사는 노인

방법 – 모금 운동을 하다 / 구호품을 보내다 / 바자회를 열다 / 무료 급식을 하다 / 자선 콘서트를 열다

어떤 일을 할 수 없음을 강조해서 말하기

요리는커녕 밥도 잘 못해요.

요리는 고사하고 밥도 못해요.

요리는 물론이고 밥도 할 수 없어요.

요리를 못해도 참여할 수 있다고 말하기

요리를 못해도 참여할 수 있어요.

요리 실력이 없어도 참여하는 데 문제없어요.

요리를 못한다고 해서 참여할 수 없는 건 아니에요.

아는 사람이 많음을 말하기

발이 넓잖아요.

마당발이잖아요.

인맥이 아주 넓잖아요.

대화

60

유나 왕단 씨, 뉴스를 보니까 이번에 남부 지방에 홍수가 나서 사람들이 피해를 많이 입었대요.

왕단 저도 그 뉴스 봤어요. 하루아침에 집도 잃고 가족도 잃은 사람들을 보니 참 마음이 아팠어요. 우리가 그 사람들을 좀 도와줄 방법이 없을까요?

유나 그럼 직접 수해 지역에 가서 자원봉사를 하면 어떨까요?

왕단 글쎄요. 저도 가고 싶은 마음은 굴뚝같은데 현실적으로 좀 어렵지 않아요? 거리도 멀고 수업을 빠질 수도 없잖아요.

유나 음……. 그럼, 모금 운동을 하거나 바자회를 여는 건 어때요? 수업을 빠지지 않아도 되고 많은 사람들이 참여할 수도 있잖아요.

왕단 그거 괜찮네요. 바자회를 열어서 그 수익금으로 기부를 하면 좋겠네요. 그러면 바자회에서 무엇을 하는 게 좋을까요?

유나 파전이나 떡꼬치와 같은 간단한 음식을 만들어서 판매하는 게 어때요?

왕단 그러면 요리를 잘해야 하는 거 아니에요? 저는 요리는커녕 밥도 잘 못해요.

유나 요리를 못한다고 해서 걱정할 필요는 없어요. 왕단 씨는 발이 넓으니까 친구들에게서 옷이나 신발, 생활 용품 등을 기증받아서 판매하는 건 어때요?

왕단 그게 좋겠어요. 그러면 제가 친구들한테 연락을 해서 안 쓰는 물건들을 기증해 줄 수 있는지 물어볼게요.

유나 그럼 저는 메뉴를 짜 볼게요. 그리고 같이 참여할 수 있는 사람들을 한번 알아볼게요.

왕단 우리, 행사 안내문도 만들어서 게시판에 붙여요.

유나 좋은 생각이에요.

확장

우리 주변에서 도움이 필요한 사람은 누구일까요? 어려운 이웃을 도울 수 있는 행사를 계획해 보세요.

· 결식아동 · 소년 소녀 가장 · 모금 · 바자회 · 자선 · 구호품 · 고사하고 · 홍수 · 마음이 굴뚝같다
· 수익금 · 기증 · 짜다

Part 2

토의해 봅시다

더불어 사는 사회를 만들기 위한 방법 토의하기

01 다음을 보고 함께 이야기해 보세요.

불량 청소년 / 은둔형 외톨이 / 비혼모 / 소년 소녀 가장 / 결식 아동 / 노숙인 / 장애인 / 홀로 사는 노인

(1) 위의 사람들 중에서 도움이 필요한 사람은 누가 있을까요? 3명 정도를 꼽고 그 이유를 간단하게 말해 보세요.

(2) 이외에도 우리의 도움이 필요한 사람들로는 누가 있을까요?

02 다음에 대해서 자신의 생각을 바탕으로 토의해 보세요.

(1) 사회에는 도움과 관심을 필요로 하는 사람들이 있습니다. 어떤 사람들이 있습니까? 그리고 각각의 대상들이 겪는 어려움은 무엇일지, 왜 그들을 도와주어야 할지 함께 이야기해 보세요.

대상	예상되는 어려움	도와줘야 하는 이유
장애인	• 취업에 어려움을 겪는다. • 대중교통 이용이 쉽지 않다. • 사람들의 선입관과 편견으로 힘들다.	• 신체적으로 불편해서 주변의 도움이 없으면 생활에 어려움이 많기 때문에 •
	• • •	• • •
	• • •	• • •

· 불량 청소년
· 은둔형 외톨이
· 비혼모

(2) 가장 도움이 필요하다고 생각하는 대상을 하나 선택해서 모두가 함께 더불어 사는 사회를 만들기 위한 구체적인 방법들을 함께 이야기해 보세요.

개인적인 면	사회적인 면
•	•
•	•
•	•
•	•

03 더불어 사는 사회를 만들기 위해 도움이 필요한 사람이 누구인지, 왜 도움이 필요한지를 정리해 보고 구체적으로 어떻게 도와줄 수 있는지 토의한 내용을 바탕으로 정리해서 써 보세요.

토의 표현

보충 설명 요청하기

- 제가 잘 못 들었는데 ~에 대해서 다시 한 번 설명해 주시겠습니까?
- ~에 대해서 좀 더 자세히 알고 싶은데요. 다시 한 번 설명해 주시겠습니까?
- ~에 대해 예를 들어서 설명해 주시겠습니까?
- 좀 더 구체적으로 말씀해 주시겠습니까?

예

A 왜 소년 소녀 가장이 보호 대상자가 되어야 하는지 좀 더 구체적으로 말씀해 주시겠습니까?

B 소년 소녀 가장들은 미래를 위해 준비해야 할 시기에 가장으로서의 무거운 책임감을 가지고 있습니다. 따라서 이들이 현실적 어려움에서 벗어나 희망찬 내일을 꿈꿀 수 있도록 우리의 관심과 도움이 절실합니다.

· 희망차다
· 절실하다

Part 2 들어 봅시다

용감한 시민상을 수상한 시민의 인터뷰 듣기

01 다음은 용감한 시민상입니다. 용감한 시민상이 어떤 상인지 이야기해 보세요.

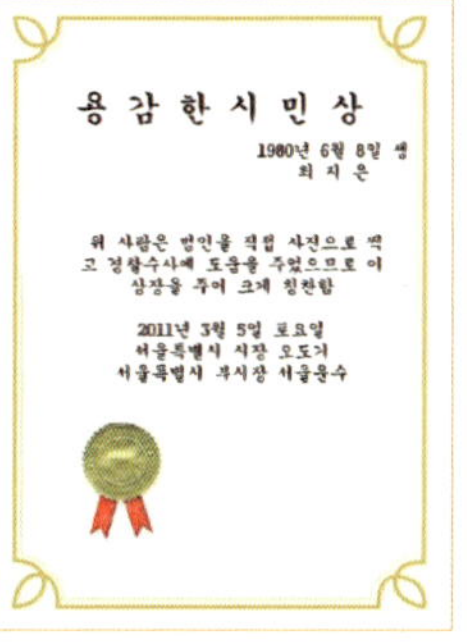

02 다음은 용감한 시민상을 받은 시민의 인터뷰입니다. 잘 듣고 물음에 답하세요. 61

(1) 사건을 설명한 내용과 같은 것은 무엇입니까?

① 남자가 근무하는 건물에서 불이 났다.

② 소방관들과 함께 건물로 들어가 도움을 주었다.

③ 화재 현장에서 아직 빠져 나오지 못한 사람이 있었다.

④ 남자는 화재 현장을 보고 제일 먼저 119에 신고를 했다.

(2) 듣고 맞는 것에 ✓표 하세요.

① 남자는 자신의 행동을 누구나 할 수 있는 것으로 생각한다. 네 _____ 아니요 _____

② 남자는 시민상 수상과 상관없이 평범하게 살아가고 싶어 한다. 네 _____ 아니요 _____

③ 요즘은 다른 사람들이 위험한 상황에 처했을 때 보통 외면한다.
네 _____ 아니요 _____

(3) 용감한 시민상을 받은 사람에게서 배울 점은 무엇입니까?

03 여러분 나라에도 시민들에게 수여하는 상이 있습니까? 어떤 상이 있는지 함께 이야기 해 보세요.

- 수상하다
- 화재 현장

Part 3 읽어 봅시다

이웃 관계에 대한 칼럼 읽기

01 다음의 신문 기사를 보고 함께 이야기해 보세요.

(가)

톱스타 정민희 씨(32세)가 장애 아동 병원을 위해 거액의 돈을 기부했다.

정씨의 소속사에 따르면 정씨는 장애 아동을 위한 병원이 자금난으로 건축에 어려움을 겪는다는 소식을 듣고 드라마 출연료와 광고 모델료를 흔쾌히 기부했다고 한다.

어제 정씨는 직접 병원 관계자를 찾아가 기부금을 전달하는 전달식을 가졌다.

(나)

*월 *일 ○○아파트에서 죽은 지 열흘이 된 김 모(여, 75세)씨를 이 아파트 경비원이 발견, 경찰에 신고했다.

△△경찰서에 따르면 김 할머니가 오랫동안 보이지 않고, 집에서 악취가 난다는 주민들의 신고를 받고 아파트 경비원이 문을 열고 들어가서 알게 됐다고 한다. 평소 가까운 친척도 없던 이 할머니는 계속 혼자 살면서 이웃과도 왕래 없이 지냈던 것으로 알려졌다.

(1) 위 신문 기사의 제목은 무엇일까요?

(가)	
(나)	

(2) 여러분은 위 기사에 대해서 어떻게 생각하는지 함께 이야기해 보세요.

(가) 기사에 대한 생각	(나) 기사에 대한 생각

- 거액
- 소속사
- 자금난
- 흔쾌히
- 경비원
- 악취
- 왕래

Part 3

읽어 봅시다

02 다음은 이웃과의 관계에 대한 칼럼의 글입니다. 읽고 물음에 답하세요. 62

칼럼

이웃 관계의 회복, 이웃에 대한 작은 관심에서부터

최근 혼자 살고 있던 김 모 할머니가 죽은 지 열흘 만에 발견된 사건이 일어나 우리 사회를 큰 충격에 빠뜨렸다. 할머니 집에서 나는 악취로 이웃 주민들이 불편하다고 신고했기 때문에 이 할머니가 발견되었다고 한다. 이 믿을 수 없는 사건은 우리가 이웃을 생각하는 현주소를 반영하기 때문에 더 큰 문제라고 할 수 있다.

그렇다면 언제부터 우리에게 이웃이 이처럼 무관심한 대상이 되었을까. 과거 우리 이웃은 먼 친척보다 훨씬 가까운 존재였다. 매일 얼굴을 마주보고 살았기 때문에 서로의 집안 사정은 물론이고 밥숟가락이 몇 개인지도 다 알 만큼 가까운 사이였다. 그래서 어려운 일이 있으면 모두가 팔을 걷어붙이고 내 일처럼 발 벗고 나서서 도왔다. 과거 우리의 이웃은 어려운 일을 나눠 반으로 줄이고 기쁜 일은 함께해서 두 배로 만들어가는 존재였다.

이처럼 훈훈한 정을 느낄 수 있던 이웃 관계가 달라지게 된 것은 최근의 산업화·분업화의 흐름과 무관하지 않다. 산업이 발달하고 사회 변화 속도가 빨라지면서 사람들은 주변을 둘러볼 여유가 없어졌다. 그리고 각자 하는 일이 다르다 보니 이웃과 친분을 나누는 일도 적어졌다. 지금의 이웃은 그저 이름을 알 수 없는 옆집 사람일 뿐이며, 나와는 무관한 존재가 되었다.

그러나 우리는 과거와 달라진 이웃 관계를 그저 시대의 흐름일 뿐이라고 쉽게 수긍해서는 안 될 것이다. 우리의 무관심이 지속되다가는 제2, 제3의 김 할머니가 나오지 않으리라고 그 누구도 보장할 수 없기 때문이다. 만약 우리가 좀 더 관심을 가졌더라면 이러한 사건은 일어나지 않았을 것이다.

이제 우리는 '406호에 사는 사람'과 같이 익명에 지나지 않았던 이웃을 다시 돌아봐야 한다. 이웃에 누가, 어떤 사람들이 사는지 관심을 가지면서 '축구 좋아하는 영수네', '딸부자 수미네' 등과 같이 나만의 이름표를 만들어 보는 것은 어떨까. 지금 이웃 관계 회복을 위해 가장 필요한 것은 내 이웃을 향한 작은 관심이다.

- 현주소
- 팔을 걷어붙이다
- 훈훈하다
- 산업화
- 분업화
- 무관하다
- 친분
- 익명

(1) 글쓴이가 말하고 있는 문제점은 무엇입니까? 그리고 그 문제가 계속되면 어떤 일이 생길까요?

문제	
예상되는 일	

(2) 과거의 이웃 관계를 설명하는 것 중 내용과 다른 것을 고르세요.

① 서로의 집안 사정을 잘 알고 있었다.

② 어려움과 기쁨을 함께하는 관계였다.

③ 이웃에 친척들이 모여 살면서 가까이 지냈다.

④ 이웃의 작은 일에도 관심을 가지고 도움이 필요하면 도와주었다.

(3) 글을 읽고 맞는 것에 ✓표 하세요.

① 글을 쓴 사람은 이웃 주민들을 불편하게 한 것으로 악취를 꼽았다.

네 _____ 아니요 _____

② 이웃 관계의 변화는 시대의 흐름이기 때문에 받아들일 수밖에 없다.

네 _____ 아니요 _____

③ 이웃 관계가 달라진 원인은 사회가 산업화 · 분업화되었기 때문이다.

네 _____ 아니요 _____

(4) 다음의 표현이 각각 무엇을 의미하는지 써 보세요.

406호에 사는 사람	
축구 좋아하는 영수네	

Part 3 써 봅시다

이웃과 공동체에 대한 칼럼 쓰기

01 최근 이웃과 공동체에 관련된 뉴스를 본 적이 있습니까? 여러분은 그 뉴스에 대해서 어떻게 생각합니까? 그 뉴스가 우리 이웃과 사회에 어떤 영향을 주는지 친구들과 함께 이야기해 보세요.

02 이웃과 관련된 뉴스에 대해 어떻게 생각하는지 글의 개요를 작성하고 글을 써 보세요.

제목: ______________________

들어가는 말	사건의 요약 및 문제 제기	
본문	사건에 대한 자신의 생각과 근거	
맺는 말	제안 및 방향 제시	

Tip 신문 칼럼의 글 쓰기

신문 칼럼의 글은 최근 사회에서 일어난 다양한 일, 문제 등에 대한 자신의 생각과 견해를 신문이나 잡지에 게재한 글이다. 신문 칼럼의 글을 쓸 때에는 다음 사항에 유의하여 쓴다.

- 먼저 사회에 어떤 일이 일어났는지에 대해 요약해서 알려 준다.
- 왜 그 일이 문제가 되는지 자신의 생각을 이야기하며 그 근거에 대해서도 설명한다.
- 마지막으로 자신의 견해를 제안하거나 방향을 제시하면서 마무리한다.

관용 표현

색안경을 끼고 보다 / 발 벗고 나서다 / 귀를 기울이다 63

01 다음 표현의 의미를 추측해 보고 맞는 것을 찾아 연결해 보세요.

(1)	색안경을 끼고 보다	•	• 남의 이야기나 의견에 관심을 가지다.
(2)	발 벗고 나서다	•	• 어떤 일을 적극적으로 나서서 하다.
(3)	귀를 기울이다	•	• 주관이나 선입견 때문에 안 좋게 바라보다.

02 관용 표현을 사용해서 대화를 완성해 보세요.

(1) A : 마틴 씨는 어려운 사람들을 그냥 지나치는 법이 없어요.
B : 그래요?
A : 네, 어려운 일이 있으면 항상 ____________________ 도와줘요.

(2) A : 이번 달 고객 만족 사원 1위로 선정이 되셨는데, 비결이 뭐가요?
B : 특별한 비결은 없습니다. 항상 고객들의 목소리에 ____________________
그게 좋은 결과로 이어진 것 같습니다.

(3) A : 오늘 시각 장애인의 피아노 연주 정말 감동적이었죠? 눈이 보이지 않는데 그렇게 아름답게 연주할 줄 몰랐어요.
B : 저도 기대 이상이었어요. 그러고 보면 우리가 말은 아니라고 하지만 알게 모르게 장애인들을 ____________________.

03 다음 상황에 맞게 관용 표현을 사용해서 대화를 완성해 보세요.

(1) A: 깨우 씨의 별명이 슈퍼맨이라면서요? 왜 그런 거예요?
B: ____________________
____________________.

(2) A: 축구 선수 김지성이 사업을 한대요. 축구 선수가 무슨 사업을 한다고.
B: ____________________
____________________.

(3) A: 이번 국회의원 선거에서 어떤 후보를 찍을 거예요?
B: ____________________
____________________.

문화와 생활

상부상조의 정신, 품앗이

한국인들은 어려운 일을 서로 도우면서 나누는 '상부상조'의 정신을 가지고 있다. 상부상조란 어려운 일을 겪는 이웃을 외면하지 않고 도움을 주고, 내가 이웃의 도움이 필요할 때 이웃 역시 나에게 도움을 주는, 서로 도움이 필요할 때 도와주는 것이다.

이러한 상부상조의 정신이 나타난 것이 품앗이다. 품앗이는 소규모의 노동 교환 제도인데 품앗이의 '품'은 노동력을 의미하며, '앗이'는 교환한다는 것을 의미한다. 즉, 품앗이는 서로의 노동력을 제공하여 바쁜 일손을 해결하려는 제도이다. 조선 시대 가족의 일손만으로는 농사를 지을 수 없을 때 이웃 사이에서 서로 도와주고 도움을 받은 것에서 유래가 되었다. 특히 품앗이의 밑바탕에는 인간의 노동력이 원칙적으로 모두 대등하다는 전제가 깔려 있다. 그렇기 때문에 서로의 노동력을 동등하게 교환할 수 있었다.

과거 품앗이의 모습은 현대 사회에서도 여전히 존재한다. 핵가족 중심인 현대 사회에서 아파트 단위나 또래 아이들을 가진 어머니회를 중심으로 육아 교육을 공유하며 나누는 품앗이 교육 프로그램이 바로 옛날 품앗이의 현대 모습이라고 할 수 있다.

01 품앗이는 무엇입니까?

02 여러분 나라에도 품앗이와 같은 상부상조의 형태가 있습니까? 언제, 어떻게 하는 것인지 친구들과 이야기해 보세요.

문학 기행

저문 강에 삽을 씻고(시)

01 여러분은 주로 방과 후 혹은 퇴근 후에 무엇을 합니까?

02 시에서 말하는 사람은 누구이며, 어떤 상황인지 생각하면서 감상해 보세요.

저문 강에 삽을 씻고

정희성(1945~)

흐르는 것이 물뿐이랴
우리가 저와 같아서
강변에 나가 삽을 씻으며
거기 슬픔도 퍼다 버린다.
일이 끝나 저물어
스스로 깊어 가는 강을 보며
쭈그려 앉아 담배나 피우고
나는 돌아갈 뿐이다.
삽 자루에 맡긴 한 생애가
이렇게 저물고, 저물어서
샛강 바닥 썩은 물에
달이 뜨는구나.
우리가 저와 같아서
흐르는 물에 삽을 씻고
먹을 것 없는 사람들의 마을로
다시 어두워 돌아가야 한다.

『문학 사상』 제65호, 문학과지성사, 1978

(1) 위 시에서 '나'는 누구이며, 무슨 일을 하는 사람입니까?

(2) 시 속의 '나'의 상황과 감정을 이야기해 보고 그것을 나타내는 단어나 표현을 찾아보세요.

03 우리 사회의 다양한 계층을 여러 가지 상징들을 활용해서 표현해 보세요.

· 저물다 · 삽 · 쭈그리다 · 자루 · 샛강

제10과

현대 사회와 생활

제10과 현대 사회와 생활

Part 1	준비합시다	**1** –길래 **2** –(으)ㄴ/는데도 **3** 조차
	말해 봅시다	소비 습관에 대해 말하기
Part 2	토의해 봅시다	현대 사회의 경쟁에 대해 토의하기
	들어 봅시다	경쟁 사회의 문제에 대한 대담 듣기
Part 3	읽어 봅시다	지역 이기주의에 대한 주장의 글 읽기
	써 봅시다	사회 문제에 대한 주장의 글 쓰기
	관용 표현	눈감아 주다 / 시치미를 떼다 / 낯이 두껍다

CULTURE & LITERATURE

문화와 생활	한국의 '빨리빨리' 성향
문학 기행	「십년을 경영하여」 (시조)

Part 1

준비합시다

01 -길래

신발을 살 생각이 없었는데 세일을 했기 때문에 샀습니다. 자신이 한 행동의 이유가 다른 상황이나 다른 사람 때문이라는 것을 어떻게 말할까요?

A 사라 씨, 또 신발 샀어요?

B 백화점에서 세일을 하길래 하나 샀어요. 예쁘지 않아요?

문법

'A/V+길래'는 말하는 사람이 한 행동의 원인이나 이유, 근거를 나타낸다. 이유나 근거는 말하는 사람이 아닌 다른 사람이나 상황으로 인한 것이 된다. '길래'는 간접 화법의 형태로도 많이 사용된다.

예 날씨가 덥길래 창문을 열었어요. 친구가 제주도로 여행 간다고 하길래 나도 같이 갔어요.

연습

자신이 한 행동의 이유를 '-길래'를 사용해서 말해 보세요.

	나의 행동	이유
보기	집에 사과가 많이 있는데 사과를 한 상자나 샀다	반값으로 할인해서 팔았다
①	날씨가 좋은데 우산을 가지고 왔다	일기예보에서 오후에 비가 온다고 했다
②	영화를 별로 좋아하지 않는데 영화표를 예매했다	친구가 재미있다고 꼭 보라고 했다
③	어제 산 옷이 마음에 든다고 했는데 환불하려고 하다	집에 가서 보니까 옷에 얼룩이 져 있다
④	보통 안경을 쓰고 다니는데 오늘은 렌즈를 끼고 학교에 왔다	사람들이 안경을 안 쓴 게 더 예쁘다고 했다

A 왜 사과를 한 상자나 사 왔어요? 집에도 사과가 많이 있잖아요.

B 반값으로 할인해서 팔길래 사 왔어요.

- 얼룩이 지다
- 렌즈

02 -(으)ㄴ/는데도

65

불경기이지만 비싼 명품이 많이 팔립니다. 어떤 상황과는 다른 결과가 뒤에 이어질 때 어떻게 말할까요?

A 요즘 같은 불경기에 저런 비싼 명품을 누가 살까요?

B 왜요. 저런 명품은 경기가 안 좋은데도 없어서 못 판대요.

문법

'A/V+(으)ㄴ/는데도'는 어떤 상태나 상황과는 다른 결과나 사실이 뒤에 이어짐을 나타낸다. 뒤에 '불구하고'를 붙여 사용하기도 한다. 명사 뒤에서는 'N+인데도'의 형태로 쓰이며 '-(으)ㅁ에도'의 형태로도 쓸 수 있다.

예 열심히 공부하는데도 성적이 오르지 않는다. 많이 먹었는데도 배가 고프다.

연습

친구의 특성을 보고 '-(으)ㄴ/는데도'를 사용해서 말해 보세요.

	대상	특성	상태/상황	사실/결과
보기	정우	고집이 세다	주식을 못 하도록 주변 사람들이 모두 말렸다	가지고 있는 돈을 다 주식에 투자했다
①	마틴	검소하다	부자이다	10년 된 양복을 아직도 입고 다니다
②	사라	낭비가 심하다	수입이 많다	항상 적자다
③	히로	의지가 강하다	지난달 시합에서 부상을 당했다	포기하지 않고 끝까지 최선을 다했다
④	깨우	마음이 따뜻하다	살림이 넉넉하지 않다	매달 기부를 하다

· 주식
· 말리다
· 검소하다
· 적자
· 의지
· 부상

A 정우 씨는 정말 고집이 센 것 같아요.

B 맞아요. 지난번에도 주변 사람들이 모두 말렸는데도 가지고 있는 돈을 다 주식에 투자했잖아요.

03 조차

66

취업 박람회에 사람이 너무 많이 와서 참여하지 못한 것은 물론 입장도 못 했음을 어떻게 말할까요?

A 유키 씨, 취업 박람회에 잘 다녀왔어요? 어땠어요?

B 말도 마세요. 사람이 너무 많아서 입장조차 못했어요.

문법

'N+조차'는 그 상황 이상의 것이 더해짐을 나타낸다. 일반적으로 말하는 사람이 기대하지 못하거나 예상하기 어려운 극단의 경우까지 포함함을 나타내며 주로 부정문에 많이 쓰인다.

예 너무 피곤해서 서 있기조차 힘들어요.　　그 사람과는 같이 앉아 있는 것조차 싫어요.

연습

다음의 상황에서 전혀 예상하지 못한 일이 생겼음을 '조차'를 사용해서 말해 보세요.

	상황		일반적인 예상
보기	정우 씨가 같은 부서 소라 씨와 사귀다	•——•	친한 동료들은 그 사실을 알고 있을 것이다
①	목이 부어서 아프다	• •	물은 마실 수 있을 것이다
②	회사일이 많아서 아주 바쁘다	• •	자신의 이름 정도는 알 것이다
③	그 사람이 거짓말을 밥 먹듯이 하다	• •	잠을 잘 시간은 있을 것이다
④	동생이 교통사고로 기억상실증에 걸렸다	• •	가족들은 그 사람의 말을 믿을 것이다

A 정우 씨가 같은 부서 소라 씨와 사귄다면서요?

B 네. 그런데 둘이 사귀는 것을 친한 동료들조차 몰랐대요.

· 기억상실증

말해 봅시다

소비 습관에 대해 말하기

사라 충동구매를 자주하는 편입니다. 자신의 소비 습관에 대해 말하고 친구에게 조언을 구하세요.

마틴 친구의 소비 습관을 듣고 조언을 해 주세요. 그리고 친구들과 자주 어울려서 외식비가 많이 드는 자신의 소비 습관에 대해서도 말해 보세요.

Try it!

다음 대화 틀을 따라 대화를 구성해 보세요.

	사라	마틴
1	**생활비가 부족한 것에 대한 걱정 말하기**	이유 묻기
2	지출을 많이 한 이유 말하기	친구의 충동구매 습관에 대해 지적하기
3	**충동구매 하는 습관을 고치기 어려움을 말하고 조언 구하기**	**충동구매를 줄이는 방법 조언하고 그 이유 말하기**
4	친구의 경제적 상황은 어떤지 묻기	자신의 걱정 말하기
5	이유 묻기	**이유 말하고 자신의 지출 유형에 대해 말하기**
6	지출을 줄일 수 있는 방법 조언하기	자신의 다짐 말하기
7	자신의 다짐 말하기	

Part 1 말해 봅시다

생활비가 부족한 것에 대한 걱정 말하기

이번 달 생활비가 다 떨어져서 걱정이에요.
이번 달 생활비가 한 푼도 안 남아서 걱정이에요.
이번 달에 벌써 통장 잔고가 바닥이 나서 걱정이에요.

충동구매하는 습관을 고치기 어려움을 말하기

충동구매 안 하려고 아무리 결심해 봤자 소용없어요.
충동구매하지 않겠다고 굳게 마음을 먹어도 작심삼일이에요.
다시는 충동구매하지 않겠다고 항상 굳게 다짐을 하는데도 그때뿐이에요.

충동구매를 줄이는 방법 조언하기

당분간은 그런 곳에 아예 발을 끊는 게 어때요?
당분간은 쇼핑센터 같은 곳은 아예 안 가는 게 좋겠어요.

응용 쇼핑할 금액을 미리 정해 놓다
쇼핑 전에 쇼핑 목록을 작성하다

자신의 지출 유형에 대해 말하기

제가 따져 보니까 생활비의 대부분이 외식비로 나가더라고요.
제가 지출 내역을 꼼꼼히 살펴보니까 생활비의 대부분을 먹는 데 다 쓰더라고요.

응용 교육비 식비 교통비 통신비 주거비
문화생활비 경조사비 의료비 생활용품비 공과금 및 세금

대화

67

사라 마틴 씨, 저 이번 달에 벌써 통장 잔고가 바닥이 나서 걱정이에요.

마틴 왜요? 어디에 그렇게 돈을 많이 썼는데요?

사라 명동에 갔는데 세일을 많이 하길래 이것저것 좀 샀거든요.

마틴 사라 씨, 또 충동구매를 했군요. 지난번에 다시는 충동구매하지 않겠다고 하더니 그렇게 또 하면 어떻게 해요.

사라 글쎄 말이에요. 다시는 충동구매 하지 않겠다고 굳게 다짐을 하는데도 그때뿐이에요. 정말 이 습관을 고쳐야 하는데 어떻게 하지요?

마틴 그럼 당분간은 그런 곳에 아예 발을 끊는 게 어때요? 견물생심이라고 마음에 드는 것을 보면 아무래도 사고 싶어질 테니까요.

사라 그게 좋겠지요? 마틴 씨는 어때요? 마틴 씨는 이런 걱정이 없죠?

마틴 아니에요. 사실은 저도 요즘 생활비가 너무 많이 드는 것 같아서 걱정이에요.

사라 왜요? 마틴 씨는 쇼핑도 잘 안 하잖아요?

마틴 쇼핑은 잘 안 하지만 요즘 친구들과 자주 어울리다 보니 돈이 너무 많이 들어서요. 제가 따져 보니까 생활비의 대부분이 외식비로 다 나가더라고요.

사라 그래요? 그럼 마틴 씨도 당분간은 꼭 필요한 모임에만 나가세요.
친구도 좋지만 너무 자주 만나면 비용을 감당하기가 힘들잖아요.

마틴 그래야 될 것 같아요. 지금부터라도 좀 계획적으로 소비를 해야겠어요.

사라 저도 당장 가계부부터 써야겠어요.

확장

여러분은 생활비를 주로 어디에 많이 사용하는 편입니까? 왜 그렇습니까? 자신의 소비 습관에 대해 이야기해 보세요.

· 푼 · 잔고 · 바닥이 나다 · 소비 · 충동구매 · 굳게 · 작심삼일 · 당분간 · 아예 · 내역 · 통신비
· 경조사비 · 공과금 · 감당하다 · 견물생심 · 가계부

Part 2

토의해 봅시다

현대 사회의 경쟁에 대해 토의하기

01 다음의 표를 보고 함께 이야기해 보세요.

(가)	어떤 일에서든 1등을 목표로 한다.	
(나)	경쟁 상황에서 도전 의식이 더 생긴다.	
(다)	다른 사람보다 뒤처지거나 지는 것을 싫어한다.	
(라)	힘들고 어려운 상황에서도 잘 포기하지 않는 편이다.	
(마)	공부, 운동, 일을 할 때 경쟁 상대가 있으면 더 잘한다.	
(바)	자신에 대한 주변의 평가에 민감하게 대응하는 편이다.	
(사)	평소에 모든 면에서 다른 사람과 비교를 잘 하는 편이다.	
(아)	승리할 수 있다는 확신이 서지 않아도 일단 도전하는 편이다.	

(1) 여러분은 경쟁 상황에 처했을 때 그 상황을 잘 받아들이고 즐기는 편입니까? 아니면 힘들어서 피하는 편입니까? 표를 보고 자신에게 해당되는 것을 고르고 함께 이야기해 보세요.

(2) 여러분들은 생활 속에서 어떤 경쟁 상황을 경험해 봤습니까? 그 상황에서 어떻게 했습니까? 함께 이야기해 보세요.

02 다음에 대해서 자신의 생각을 바탕으로 토의해 보세요.

(1) 경쟁에는 긍정적인 면도 있고 부정적인 면도 있습니다. 경쟁의 긍정적인 면과 부정적인 면에는 어떠한 것들이 있는지 이야기해 보세요.

경쟁의 긍정적 측면	경쟁의 부정적 측면
경쟁이 자기 계발의 기회가 될 수 있다.	과정보다는 결과 중심의 사회가 되기 쉽다.
기업들의 경쟁으로 소비자는 품질이 좋은 상품을 싼 가격에 구입할 수 있다.	경쟁에서 낙오한 사람들은 좌절감과 소외감을 느끼게 된다.

· 뒤처지다
· 민감하다
· 확신
· 계발
· 낙오하다
· 좌절감
· 소외감

(2) 현대 사회는 무한 경쟁 사회라고 합니다. 이러한 경쟁 사회 속에서는 어떻게 살아가는 것이 좋을까요? 경쟁 사회에서 건강하게 살아가기 위한 방법으로는 어떠한 것들이 있는지 함께 이야기해 보세요.

경쟁 사회에서 건강하게 살아가기 위한 방법
• 결과에 지나치게 집착하지 않도록 한다. • 경쟁 상황에서 스트레스를 심하게 받았을 때 상담 치료를 받아 심리적인 안정감을 되찾는다. • • •

03 경쟁의 긍정적 측면과 부정적 측면에는 무엇이 있으며 이러한 경쟁 사회에서 어떻게 하면 건강하게 살아갈 수 있을지 토의한 내용을 바탕으로 정리해서 써 보세요.

토의 표현

상대방의 발언 내용을 확인하는 말하기

- ~다고 하셨지요?
- ~다고 말씀하셨는데 맞습니까?
- 방금 말씀하신 것을 ~(으)로 이해해도 되겠습니까?
- 제가 제대로 이해했는지 모르겠는데 ~다는 말씀이시지요?

예

A 저는 경쟁을 통해 우리 사회가 발전했다는 것을 간과해서는 안 된다고 생각합니다. 개인 간, 그리고 기업 간의 치열한 경쟁이 없었더라면 우리 사회는 이렇게 발전하지 못했을 겁니다. 즉 경쟁은 우리 사회를 발전시킨 원동력이라 할 수 있지요.

B 제가 제대로 이해했는지 모르겠는데 그렇다면 A 씨는 경쟁이 우리 사회에서 꼭 필요하다고 보시는 건가요?

A 네, 그렇습니다. 단 개인이든, 기업이든 서로 윤리 의식을 잃지 않고 경쟁하는 것을 전제로 해야겠지요.

- 집착하다
- 안정감
- 간과하다
- 원동력
- 윤리 의식
- 전제

Part 2 들어 봅시다

경쟁 사회의 문제에 대한 대담 듣기

01 다음 신문의 제목을 보고 기사의 내용을 추측해 보세요. 그리고 이런 일이 왜 일어났을지 함께 이야기해 보세요.

02 다음은 경쟁 사회의 문제에 대한 대담입니다. 듣고 물음에 답하세요. 68

(1) 사람들이 성적이나 업무 때문에 스트레스를 받는 두 가지 원인은 무엇입니까?

(2) 경쟁 사회 속에서 살아가는 방법으로 전문가가 제시한 것은 무엇입니까?

첫째, ______________________________

둘째, ______________________________

(3) 듣고 맞는 것에 ✔표 하세요.

① 경쟁 속에서 느끼는 좌절감과 불안감이 심해지면 자살할 수도 있다.

네 _____ 아니요 _____

② 경쟁 사회에서는 사회적 기준에 자신을 맞춰 나가는 것이 무엇보다 중요하다.

네 _____ 아니요 _____

③ 경쟁 사회에서 잘 살아가기 위해서는 자신의 한계보다는 가능성을 더 생각해야 한다.

네 _____ 아니요 _____

· 대담
· 비관

03 미래 사회에서 경쟁은 어떨까요? 더 심화될까요? 여러분의 생각을 이야기해 보세요.

Part 3 읽어 봅시다

지역 이기주의에 대한 주장의 글 읽기

01 다음은 우리 주변에서 볼 수 있는 지역 이기주의의 모습입니다. 사진을 보고 함께 이야기해 보세요.

님비 현상(Not In My Back Yard)

핌피 현상(Please In My Front Yard)

(1) 각 사진에서 주민들이 원하는 것은 무엇일까요? 그리고 '님비 현상'과 '핌피 현상'이란 각각 무엇을 의미하는지 함께 이야기해 보세요.

(2) 다음의 시설들이 들어오는 것을 주민들은 찬성할까요? 반대할까요? '님비 현상'과 '핌피 현상'에 해당되는 것을 나누어 보세요.

> **보기** 지하철역, 기차역, 병원, 관공서, 버스 터미널, 쇼핑센터, 백화점, 공원, 쓰레기 소각장, 장애인 시설, 노숙인 시설, 화장터, 교도소, 핵 폐기장, 하수 처리장, 쓰레기 매립장, 대형 마트, 장례식장

님비 현상(NIMBY)	핌피 현상(PIMFY)

- 쓰레기 소각장
- 화장터
- 교도소
- 핵 폐기장
- 하수 처리장
- 쓰레기 매립장

02 다음은 지역 이기주의에 대한 주장의 글입니다. 읽고 물음에 답하세요. 69

속 보이는 님비와 핌피

최근 서울의 한 지역에서는 시끄러운 공항을 이전해 달라고 주민들은 물론 구청까지 발 벗고 나서서 문제를 제기하며 시위를 벌이고 있다. 이와 동시에 자기 지역의 개발에 도움이 될 것으로 보이는 법원을 유치하고자 노력하고 있다. 이렇게 자기 지역의 이익이나 행복만을 추구하려는 태도나 입장을 지역 이기주의라고 한다.

지역 이기주의의 대표적인 것은 '내 뒷마당에는 절대로 안 된다'는 '님비 현상'으로 이제 우리 주변에서는 이 말의 뜻을 모르는 사람이 없을 정도로 보편화되었다. 님비 현상은 핵폐기물 처리장, 원자력 발전소, 하수 처리장, 쓰레기 매립장 등 대규모 공공사업이 주민들의 반발에 부딪혀 제대로 시행되지 못하고 있는 상황에서 찾아볼 수 있다.

반면 지역의 복지나 재정적인 수입에 도움이 되는 시설은 지역들이 서로 유치하기 위해 경쟁하는데 이를 '핌피 현상'이라 한다. 수익성 있는 사업을 내 지방에 유치하겠다는 핌피 현상은 혐오 시설을 내 이웃에 둘 수 없다는 님비와는 반대 현상이지만 지역 이기주의라는 점에서 똑같다고 할 수 있다. 핌피 현상은 고속철도 노선을 서로 갖고자 인접한 두 지역이 대립한 것이나 대기업 생산 공장을 서로 자기 지역에 유치하고자 하는 행동 등에서 찾을 수 있다.

물론 혐오 시설이 들어오는 것을 거부하고 이익이 되는 시설을 유치하고자 하는 주민들의 입장을 이해하지 못하는 것은 아니다. 그러나 이러한 지역 이기주의가 사회 전반에 가득 찬다면 가장 시급하고 기본적인 공공사업조차 할 수 없게 될 것이며 이러한 시설을 통해 얻을 수 있는 혜택을 아무도 누릴 수 없게 될 것이다. 따라서 이러한 지역 이기주의는 반드시 극복되어야 한다.

그렇다면 이러한 지역 이기주의를 극복할 수 있는 방법은 무엇일까? 먼저 시설이 들어설 지역을 선정할 때 정부가 공정하게 선정해야 한다. 그리고 혐오 시설을 설치해야 하는 지역에는 그에 상응하는 보상을 해 주어야 한다. 무엇보다 중요한 것은 주민들이 성숙한 주민 의식을 갖는 것이다. 혐오 시설이라고 해서 무조건 반대하거나 자신에게 이익이 된다고 해서 과도한 유치 경쟁을 벌여서는 안 된다. 만약 합리적인 이유가 있다면 그것은 정부와 대화를 통해 풀어 나가야 할 것이다. 서로 간의 신뢰와 이해를 바탕으로 문제를 풀어 나갈 때 지역 이기주의는 극복될 수 있을 것이다.

- 이전하다
- 시위를 벌이다
- 유치하다
- 원자력 발전소
- 반발
- 수익성
- 혐오 시설
- 인접하다
- 혜택
- 공정하다
- 상응하다
- 보상
- 성숙하다

(1) 글쓴이가 주장하는 것은 무엇입니까?

① 혐오 시설을 반대하는 주민들의 입장을 이해해야 한다.

② 지역 이기주의에 대해 정부가 지나치게 간섭하면 안 된다.

③ 지역의 발전을 위해서는 지역 이기주의가 어느 정도 필요하다.

④ 사회 전체의 이익을 위해서 지역 이기주의는 극복되어야 한다.

(2) 지역 이기주의를 극복하기 위한 방법으로 제시한 것은 무엇입니까? 세 가지 방법을 찾아 써 보세요.

첫째, ______________________________

둘째, ______________________________

셋째, ______________________________

(3) 글을 읽고 맞는 것에 ✓표 하세요.

① 국가의 정책보다는 주민들의 입장이 더 중요하다. 네 _____ 아니요 _____

② 핌피 현상은 국가 정책을 수행하는 데 별 영향을 주지 않는다. 네 _____ 아니요 _____

③ 자신의 지역에 이익이 되는 것을 적극적으로 유치하려는 것도 지역 이기주의라고 할 수 있다. 네 _____ 아니요 _____

(4) 이 글에서 제시한 님비 현상과 핌피 현상의 구체적인 예를 찾아 써 보세요.

님비 현상	
핌피 현상	

Part 3

써 봅시다

사회 문제에 대한 주장의 글 쓰기

01 여러분 주변에서 찾아볼 수 있는 사회 문제로는 어떤 것들이 있습니까? 그것은 어떻게 해결할 수 있을까요? 함께 이야기해 보세요. (예 : 물질 만능주의, 외모 지상주의, 개인주의 등)

02 현대 사회의 여러 가지 문제 중에서 하나를 선택해 주장하는 글의 개요를 작성해 보고 글을 써 보세요.

제목: ____________________

들어가는 말	문제 제기 및 글을 쓰게 된 동기 · 목적	
본문	그 문제에 대한 자신의 주장과 이유	
맺는 말	요약 및 해결 방법	

Tip **주장의 글 쓰기**

주장의 글은 어떤 문제에 대하여 자기의 견해나 주장을 제시하고 합리적인 근거를 밝혀 독자를 설득시키는 글이다. 주장의 글을 쓸 때는 다음 사항에 유의하여 쓴다.

- 서론－본론－결론의 3단 구성으로 쓴다.
- 먼저 주위에서 볼 수 있는 문제점과 글을 쓰게 된 동기, 목적 등을 쓴다.
- 타당한 이유나 근거를 들어 자신의 주장이나 견해를 밝힌다.
- 마지막에는 자신의 주장을 요약, 정리하고 해결 방법이나 앞으로의 전망 등을 제시한다.

관용 표현

눈감아 주다 / 시치미를 떼다 / 낯이 두껍다

70

01 다음 표현의 의미를 추측해 보고 맞는 것을 찾아 연결해 보세요.

(1)	눈감아 주다	•	• 부끄러움을 모르고 염치가 없다.
(2)	시치미를 떼다	•	• 알고도 모르는 척해 주다.
(3)	낯이 두껍다	•	• 자기가 하고도 하지 않은 척하거나 알고 있으면서도 모르는 척하다.

02 대화에 맞게 관용 표현을 사용해서 대화를 완성해 보세요.

(1) A : 잘못할 때마다 야단을 쳤더니 아이가 점점 더 소극적으로 변하는 것 같아요.
B : 큰 잘못이 아니면 한두 번쯤은 ____________________ 것도 나쁘지 않아요. 아이가 스스로 고칠 기회를 주는 것도 필요한 것 같아요.

(2) A : 어제 정우 씨와 왜 싸웠어요?
B : 다른 여자와 함께 데이트하는 것을 제가 봤는데도 그런 적 없다고 ____________________. 정말 너무 화가 나더라고요.

(3) A : 무슨 기분 안 좋은 일 있었어요?
B : 아침에 버스 정류장에서 어떤 사람이 새치기를 하는 거예요. 뒤로 가라고 해도 못 들은 척하고요. 정말 그렇게 ____________________ 사람은 처음 봤어요.

03 다음 상황에 맞게 관용 표현을 사용해서 대화를 완성해 보세요.

(1)

(2)

(3)
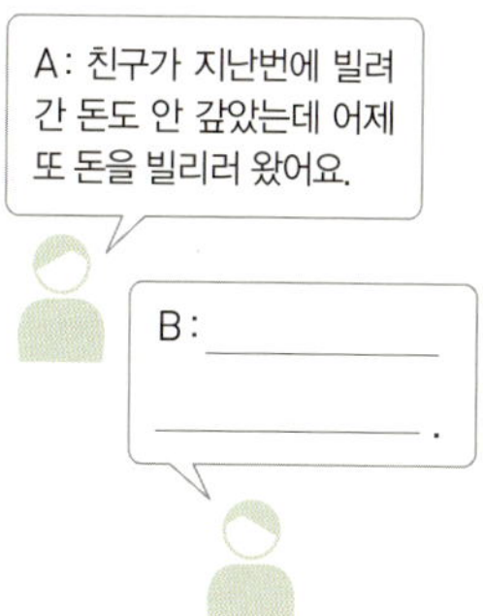

문화와 생활

한국의 '빨리빨리' 성향

외국인들은 '한국인'하면 무엇을 가장 먼저 떠올릴까? 외국인들이 생각하는 한국인에 대한 이미지 중 하나가 바로 '빨리빨리'라고 한다. 한국인의 '빨리빨리' 성향은 주변에서 쉽게 찾아볼 수 있다. 한국에서는 음식을 먹는 속도, 걷는 속도, 일하는 속도, 서비스 속도, 그리고 배달 속도 등 모든 것이 빠르다. 그리고 이러한 한국인 특유의 '빨리빨리' 성향은 한국에서 하나의 문화로 자리 잡게 되었다.

한국의 '빨리빨리' 문화는 전쟁 이후 한국의 빠른 경제 성장과 발전을 이끈 원동력이 되었다. 그리고 이러한 '빨리빨리' 문화의 힘으로 한국은 속도가 생명인 현대의 디지털 시대를 맞아 IT, 통신, 소비자 서비스 등 다양한 산업에서 세계적 수준으로 발전하게 되었다. 한국의 인터넷 속도는 세계에서 손꼽힐 정도로 빠르며, 새로운 기술과 디자인을 갖춘 휴대 전화도 세계 시장에서 경쟁력을 갖게 되었다.

지금까지 한국의 성장을 이끌어 온 '빨리빨리' 문화, 앞으로는 또 어떤 변화를 가져다줄까?

01 한국의 '빨리빨리' 성향은 한국 사회에 어떤 영향을 주었습니까?

02 여러분은 한국의 '빨리빨리' 문화에 대해 어떻게 생각합니까? 그리고 여러분 나라의 삶의 속도는 어떤지 함께 이야기해 보세요.

문학 기행

십년을 경영하여(시조)

01 현대인들에게 집은 어떤 의미를 가지고 있을까요? 그리고 현대인들이 바라는 집은 어떤 집일까요?

02 다음 시조에서 작가가 원하는 집은 어떤 집인지 머릿속으로 그려 보면서 감상해 보세요.

십년을 경영하여

송순(1493~1583)

십 년을 경영하여 초려삼간 지어내니
나 한 간 달 한 간에 청풍 한 간 맡겨 두고
강산은 들일 데 없으니 둘러 두고 보리라

원문

십 년을 경영ᄒᆞ야 초려삼간 지여내니,
나 ᄒᆞᆫ 간 ᄃᆞᆯ ᄒᆞᆫ 간에 청풍 ᄒᆞᆫ 간 맛져 두고
강산은 들일 듸 업스니 둘러 두고 보리라.

「면앙정잡가」, 『면앙집』, 1829

(1) 이 시조에서 자연을 나타내는 단어를 찾아보세요.

(2) 작가는 어떤 집에서 살고 싶어 합니까?

03 여러분은 어떤 집에서 살고 싶습니까? 그 이유는 무엇입니까? 함께 이야기해 보세요.

초려 청풍

|부록|

- 듣기 지문 및 정답
- 찾아보기

듣기 지문 및 정답

1과

Part 2 들어 봅시다

강연자 여러분, 안녕하십니까? 우리의 삶에 있어서 '사람과 사람 사이', 즉 인간관계는 정말 중요합니다. 우리는 가정, 학교 또는 직장에서 모두 인간관계를 맺고 있기 때문입니다. 오늘은 폭넓고 원만한 인간관계를 유지하려면 어떻게 하면 좋은지 알아봅시다.

첫째, 상대방에 대해 열린 마음과 열린 태도를 가져야 합니다. 상대방의 생각을 이해하고 공감해 주면 상대방은 여러분에게 좋은 감정을 갖게 될 겁니다. 누군가가 어떤 것에 대해 고민하거나 힘들어할 때 "그렇게 생각하는 것은 당연합니다", "저라도 그랬을 겁니다"라고 공감하는 말을 해 보세요.

둘째, 진심으로 칭찬하고 감사하십시오. 다른 사람이 여러분에게 친절을 베풀었을 때 진심으로 감사하고, 다른 사람이 어떤 일을 성공적으로 마쳤을 때 진심으로 칭찬해 주십시오. 칭찬과 감사는 우리 삶에서 잊어서는 안 될 중요한 것입니다.

셋째, 자신의 잘못이나 실수에 대해서 솔직하게 인정하십시오. 대부분의 사람들은 자신의 잘못이나 실수를 인정하는 대신에 변명하고 방어를 합니다. 잘못을 했을 때는 자신의 잘못을 인정하는 용기를 가지십시오. 이것은 잘못이나 실수를 명확하게 해 줄 뿐만 아니라, 그에 따른 문제를 해결하는 데에도 도움이 됩니다.

마지막으로 다른 사람을 함부로 비난하거나 비판하지 마십시오. 여러분의 한 마디가 다른 사람의 마음과 자존심에 상처를 주게 되고 심할 경우 그 사람에게 평생 지울 수 없는 상처로 남을 수도 있습니다. 여러분의 비난과 비판으로 인간관계가 끊어질 수 있다는 것을 잊지 마십시오.

여러분, 어떻습니까? 오늘의 강연이 여러분에게 도움이 되었습니까? 제가 말씀드린 네 가지에 주의한다면 보다 폭넓고 원만한 인간관계를 맺고 유지할 수 있을 겁니다.

2. (1) ④ (2) ④ (3) ① 네 ② 아니요 ③ 아니요

Part 3 읽어 봅시다

2. (1) ③

(2)

만난 사람	최민수 선생님(고등학교 2학년 때의 담임선생님)
만난 시기	고등학교 2학년 때
만남이 특별한 이유	선생님 덕분에 처음으로 자신의 꿈과 미래를 생각해 보게 되었다. 그리고 삶의 기쁨과 보람을 알게 되었다.

(3) ① 네 ② 아니요 ③ 네 ④ 네

(4) (가능성을 꽃 피우게 해 준) 단비

Part 3 관용 표현

1. (1) 사람이나 사물 등을 여러 번 봐서 그 사람의 얼굴이나 그 사물을 알고 있다.
   (2) 잘 아는 사람과 낯선 사람을 구분하다. 새로운 사람과 쉽게 친해지지 못하다.
   (3) 못마땅한 마음을 나타내어 양미간을 찡그리다.
2. (1) 낯이 익어서
   (2) 눈살을 찌푸리게 돼요
   (3) 낯을 가리는
3. (1) 그러게요. 정말 눈살을 찌푸리게 하네요.
   (2) 수진 씨가 원래 낯을 좀 가려요. 너무 신경 쓰지 마세요. 시간이 좀 더 지나면 괜찮아질 거예요.
   (3) 낯이 익어서 혹시 내가 아는 사람인가 하고……

2과

Part 2 들어 봅시다

영화배우 김지훈 안녕하세요? 영화배우 김지훈입니다. 살다 보면 이웃 간에 여러 가지 문제로 힘들 때가 있지요? 특히 요즘 소음 문제로 괴로움을 호소하는 분들이 많으신데요. 실제로 공동 주택에 거주하는 주민들에

게 조사를 해 봤더니 공동 주택 생활에서 가장 큰 불편 사항이 바로 소음이라고 합니다.

이웃에서 들리는 TV 소리나 애완견이 짖는 소리, 그리고 윗집에서 아이들이 뛰는 소리에 신경이 쓰인 적이 한 번쯤은 다 있으시지요? 또, 옆집에서 파티라도 하는 날에는 시끄러워서 하루 종일 아무것도 못 하기도 합니다. 이런 소음으로 이웃 간 다툼이 일어나는 것은 물론 법정까지 가는 일도 많다고 하니 소음 문제가 아주 심각한 것 같습니다.

그럼 이런 소음 문제는 어떻게 해결할 수 있을까요? 소음을 줄이기 위해서는 물론 건물을 지을 때부터 방음에 문제가 없게 짓는 것이 중요합니다. 그러나 무엇보다 중요한 것은 바로 공동체 생활의 에티켓을 지키려는 여러분의 노력입니다. 밤 10시 이후에는 청소기나 세탁기 등을 돌리지 않고 샤워도 가급적이면 밤늦게 하지 않도록 주의해야 합니다. 그리고 어린 아이가 있는 가정에서는 아랫집에 피해를 주지 않도록 아이들을 지도하고, 집수리나 파티를 계획하고 있다면 이웃에게 미리 양해를 구하는 것이 좋습니다.

공동 주택의 소음 문제, 모두가 함께 노력하지 않는 한 쉽게 해결되지 않을 겁니다. 행복한 공동체 생활을 위해서 이웃을 위한 작은 배려를 실천해 보면 어떨까요?

2. (1) 공동체 생활의 에티켓을 지키려는 주민들 개개인의 노력
   (2) ④
   (3) ① 네 ② 아니요 ③ 아니요

Part 3 읽어 봅시다

2. (1) ④ (2) ①, ④
   (3) ① 네 ② 아니요 ③ 네
   (4) 인터넷 사이트의 정보를 다양한 언어로 지원해 주고 인터넷 사이트 가입 절차도 외국인의 상황을 고려해 개선해 주면 좋겠다고 생각한다.

Part 3 관용 표현

1. (1) 해결하기 어려운 문제가 있어 머리가 아프다.
   (2) 자기 앞에 닥친 일이 급하거나 크다.
   (3) 절망적인 생각이 들고 어찌해야 할지 모르다.

2. (1) 내 코가 석 자야
   (2) 눈앞이 캄캄했어요
   (3) 골치가 아파요

3. (1) 네. 몇 달 동안 아르바이트해서 모은 돈으로 산 건데 정말 눈앞이 캄캄해요.
   (2) 미안해. 지금 내 코가 석 자야. 나도 아직 아르바이트 자리를 구하고 있는 중이거든.
   (3) 말도 마세요. 싸우고 난 뒤에도 계속 시끄럽게 해서 너무 골치가 아파요.

3과

Part 2 들어 봅시다

진행자 여러분은 'TV 안 보기 운동'에 대해서 들어 본 적이 있습니까? 최근 이 운동에 참여하는 사람들이 늘고 있다고 하는데요. 오늘은 이 운동을 몇 년 전부터 벌여 오신 한국청소년문제연구소 이주희 소장님을 모시고 말씀 나눠 보겠습니다. 소장님, 'TV 안 보기 운동'이란 무엇입니까?

소 장 요즘 사람들이 TV를 너무 많이 봐서 가족 간의 대화가 단절되는 등의 문제가 발생하고 있습니다. 'TV 안 보기 운동'은 짧게는 하루, 길게는 일주일 정도 TV를 꺼서 자녀의 올바른 TV 시청 습관도 형성하고 가정의 의미도 되살려 보자는 운동입니다.

진행자 그렇군요. 하지만 TV를 끄는 일이 쉽지는 않을 텐데요. 특히 아이들 같은 경우 좀 어렵지 않을까요?

소 장 네, 아마 그럴 겁니다. 아이들치고 TV를 안 좋아하는 아이는 없으니까요. 그래서 TV 안 보기를 실천하려면 무엇보다 가족 구성원간의 TV 안 보기에 대한 공감대가 형성되어야 합니다. 아이가 TV를 끄려고 하지 않을 때 무조건 끄도록 강요하기보다는 이유를 설명하여 이해시키는 것이 중요합니다.

진행자 네, 그렇군요. 그러면 자녀의 올바른 TV 시청 습관을 만들기 위해서는 어떤 노력이 필요할까요?

소 장 먼저 아이들이 유해한 프로그램으로부터 나쁜 영향을 받지 않도록 평소에 아이와 같이 TV 시청을 하면서 방송 내용에 대해 대화를 나누어 보면 좋습니다. 그러면 아이들 스스로 무엇을 봐야 할지 판단이 서게 될 겁니다. 또한 지나치게 TV를 많이 보는 것을 막기 위

해서 시청 시간을 하루 1시간 이내로 제한하는 것이 좋습니다. 그리고 일주일에 하루는 TV를 전혀 보지 않는 날로 정해 보는 것도 좋습니다. TV를 보는 대신에 가족끼리 대화를 하며 의미 있는 시간을 보낼 수 있습니다.

진행자 그렇게 되면 TV 시청에 빼앗겼던 시간을 되찾아 가족 간의 사이도 더 가까워질 수 있겠군요. 네, 말씀 감사합니다.

2. (1) ③, ④ (2) ④ (3) ① 네 ② 아니요 ③ 네

Part 3 읽어 봅시다

2. (1) ② (2) ③ (3) ① 네 ② 네 ③ 아니요
   (4) (시청자들을 위한) 참신하고 차별화된 예능 프로그램

Part 3 관용 표현

1. (1) 내가 한 행동이나 다른 사람의 행동이 몹시 부끄러워 얼굴이 화끈거리다.
   (2) 보기에 마음에 들지 않아 언짢은 느낌이 들며 기분이 상하다.
   (3) 눈앞의 모습이 참혹하거나 민망하여 차마 볼 수 없다.
2. (1) 낯이 뜨거워져요
   (2) 눈에 거슬려서요
   (3) 눈 뜨고 볼 수 없었어요
3. (1) 그러게요. 보는 저까지도 낯이 뜨거워지네요.
   (2) 촌스러운 옷차림이 눈에 너무 거슬렸어요.
   (3) 네. 전쟁 장면이 도저히 눈 뜨고 볼 수 없을 정도로 참혹했어요.

4과

Part 2 들어 봅시다

진행자 여러분 안녕하세요? '아침에 만난 사람' 김지연입니다. 오늘 소개할 분은 20년 동안 다니던 대기업을 그만두고 가수의 길을 선택한 분입니다. 요즘 대중 음악계에 새 바람을 몰고 오신 분이지요. 박은우 씨를 스튜디오에 모셨습니다. 안녕하세요, 박은우 씨?

박은우 안녕하십니까? 만나서 반갑습니다.

진행자 박은우 씨의 노래가 요즘 직장인들에게 굉장히 인기가 많은데 자신이 만든 곡이 이렇게 인기를 끌 거라고 예상하셨어요?

박은우 아니요. 이렇게 많은 분들께서 좋아해 주실 줄은 꿈에도 몰랐습니다. 앨범을 만들 때는 그저 그동안 못 이룬 가수의 꿈을 실현해 보겠다는 마음이 컸거든요.

진행자 요즘 인기를 얻으면서 '좀 더 일찍 데뷔할 걸'하는 후회가 들지는 않으세요?

박은우 글쎄요. 물론 좀 더 일찍 시작했더라면 적성을 살려 일하는 것에서 오는 즐거움을 더 일찍 알 수 있었겠죠. 그렇지만 후회는 없어요. 그동안 직장 생활 하면서 얻은 경험이 현재 제 음악 활동에 밑거름이 되었기 때문에 그 시간들도 저에게는 소중합니다.

진행자 아, 그렇군요. 요즘 박은우 씨가 꿈을 이루는 것을 보면서 많은 직장인들도 꿈과 희망을 갖는 것 같습니다. 그런 직장인들에게 마지막으로 한 말씀 해 주시지요.

박은우 네, 특히 새로운 것에 도전하는 것이 두려워 망설이는 분들께 지금도 늦지 않았다고 말씀드리고 싶네요. 지금까지 의무와 책임 때문에 자신이 하고 싶었던 일들을 마음속에만 담아 두었다면 지금 당장 그것을 행동에 옮겨 보세요.

진행자 좋은 말씀 감사합니다. 박은우 씨의 말씀이 많은 분들께 용기를 드릴 것 같은데요? 오늘 어려운 자리 해 주셔서 감사합니다. 앞으로도 활발한 활동 기대하겠습니다. 그럼 박은우 씨의 노래 중에서 가장 많은 사랑을 받고 있는 '출근길'을 들어 볼까요?

2. (1) ② (2) ① 네 ② 아니요 ③ 아니요
   (3) 마음속에 담아 둔 하고 싶었던 일들을 지금 당장 행동에 옮길 것

Part 3 읽어 봅시다

2. (1) 사람의 특성
   (2)

유형	특성
사교형	사람 만나기를 좋아하고 처음 만나는 사람과 쉽게 친해진다.
성취형	경쟁하기를 좋아하고 노력을 인정받고 싶어 한다.

예술형	상상을 즐기며 새로운 일 시작하기, 자신의 개성을 표현하기를 좋아한다.
사무형	변화보다 안정을 추구한다.

(3) ① (4) ① 아니요 ② 아니요 ③ 네

Part 3 관용 표현

1. (1) 걱정이 있어서 마음에 불이 붙는 듯한 느낌이 들다.
   (2) 일의 상황이 끝나 버려서 어떠한 방법을 할 수 없다.
   (3) 어떤 불안한 것이 사라져서 마음을 편히 가지게 되다.
2. (1) 발 뻗고 잘 수 있을 것 같아요
   (2) 물 건너갔어요
   (3) 속이 탔는지
3. (1) 축하해요. 그동안 고생 많았지요? 이제 발 뻗고 잘 수 있겠군요.
   (2) 그 친구요? 물 건너갔어요. 그 친구 지금 사귀는 사람 있어요.
   (3) 아직 못 찾았어요. 찾을 방법이 없을까요? 정말 속이 타네요.

5과

Part 2 들어 봅시다

유진, 태호 안녕하세요. 여러분. 저희는 국제 안동 탈춤 축제 홍보 도우미 유진, 태호입니다. 9월 30일부터 10월 9일까지 10일간 안동에서 펼쳐지는 마법의 잔치에 여러분을 초대합니다.

태 호 안동 탈춤 축제는 한국의 전통 탈춤을 보고 체험해 볼 수 있는 축제입니다. 탈춤은 무대가 아닌 넓은 마당에서 펼쳐지기 때문에 관객과 공연자가 하나로 어우러집니다. 남녀노소가 모두 신나고 재미있게 즐길 수 있는 공연이지요.

유 진 그리고 여러분, 탈춤을 볼 때 탈의 모양을 잘 보세요. 탈의 모양에 따라 성격이 다르기 때문에 보면서 탈마다 어떤 성격을 갖는지 추측해 보는 것도 재미있을 겁니다. 태호 씨, 축제에 참여하면 또 어떤 것들을 할 수 있는지 좀 안내해 주시겠어요?

태 호 네. 다채로운 프로그램이 여러분을 기다리고 있습니다. 한국 탈 전시회는 물론 판소리나 한지 체험과 같은 문화행사도 준비되어 있습니다. 그리고 축제에 오시면 세계 각국의 다양한 민속 공연과 인형극도 보실 수 있습니다. 그런데 유진 씨, 안동하면 뭐가 떠오르세요?

유 진 안동하면 역시 '안동 찜닭'이지요.

태 호 그렇지요? 그런데 안동에서는 찜닭 말고도 맛있는 음식이 많이 있어요. 탈춤 축제에서는 이런 안동 지역의 유명한 먹을거리도 시식해 볼 수 있답니다.

유 진 와, 벌써부터 군침이 도는데요. 그런데 태호 씨, 이번 축제의 주제가 뭔지 아세요?

태 호 물론이지요. '왕이 되는 마법'이잖아요.

유 진 네, 맞아요. 세계 각국의 왕이나 대통령의 탈을 쓰고 잠시 동안 왕이 되어 보는 건데 아마 아주 색다른 경험이 될 거예요.

태 호 와, 왕이 된다는 건 어떤 기분일까요? 여러분, 궁금하시죠?

유 진 지금까지 해 보지 못한 색다른 경험을 해 보고 싶거든 이번 탈춤 축제를 절대 놓치지 마세요.

유진, 태호 왕이 되는 마법의 시간, 국제 안동 탈춤 축제에 모두 모두 놀러 오세요.

2. (1) ① (2) ② (3) ① 네 ② 네 ③ 아니요

Part 3 읽어 봅시다

2. (1)

여행 이름	정의	활동	대상
한옥 마을 체험	한옥의 온돌 바닥에서 잠을 자면서 생활하는 여행	전통 예절 배우기, 한국 요리 만들기	한국 문화에 관심이 많은 외국인, 한국 전통 문화를 체험해보고 싶은 어린 자녀들이 있는 가족
사찰 문화 체험	불교문화가 잘 보존된 사찰에서 불교문화를 체험하는 여행	명상, 다도, 서예	정신적 여유를 되찾기 원하는 지친 현대인, 불교문화에 관심이 있는 사람들

(2) ③ (3) ① 네 ② 아니요 ③ 아니요

(4) 기존의 여행이 볼거리 먹을거리 중심이었다면 테마 여행은 여행의 목적과 의도에 따라 내가 계획하고 만들어가는 여행이다.

Part 3 관용 표현

1. (1) 지난 일이나 물건의 모양이 눈앞에 보이는 듯 기억에 생생하다.
   (2) 어떤 이유 때문에 가지도 오지도 못하게 되다.
   (3) 요금이나 물건 값을 실제 가격보다 비싸게 지불하여 억울하게 손해를 보다.
2. (1) 눈에 선해요 (2) 바가지(를) 썼네
   (3) 발이 묶여 있습니다
3. (1) 그럼 기억나지. 바다의 색과 햇살이 눈에 선해.
   (2) 응, 그래서 공항에서 이틀 동안 발이 묶여 있었어.
   (3) 뭐라고? 싸게 샀다고 좋아했는데 바가지 썼네.

6과

Part 2 들어 봅시다

강연자 안녕하세요, 여러분? 요즘 건강에 관심이 높아지면서 먹는 것에 대한 관심도 높아졌습니다. 그렇지만 몸에 좋은 음식을 먹어야 한다는 것을 알지만 어떤 것이 좋은 음식인지 모르는 경우가 많습니다. 그럼 어떻게 바른 먹을거리를 찾을 수 있을까요? 오늘은 여러분께 바른 먹을거리를 확인하는 방법에 대해서 말씀드리려고 합니다.

첫째로, 영양 성분 표를 볼 줄 알아야 합니다. 영양 성분 표는 보통 식품 포장의 뒷면에 나오는데 이 표를 보면 그 식품에 어떤 영양소가 들어 있는지, 열량은 얼마나 되는지 알 수 있습니다. 이 성분 표를 보고 지방이나 나트륨 같은 성분은 적게 들어가고 칼슘이나 비타민 같은 몸에 좋은 영양소가 많이 들어 있는 음식을 선택하면 됩니다.

둘째로, 식품 첨가물에 대해 알아야 합니다. 식품 첨가물이란 우리가 먹는 식품의 맛, 향, 색을 내거나 식품이 상하는 것을 막기 위해 사용되는 것입니다. 예를 들면 콜라의 검은색을 내거나 아이스크림의 바닐라 향을 내기 위해 첨가물을 사용합니다. 가공된 식품에는 이러한 첨가물이 빠지기가 어렵겠지요. 그렇지만 첨가물을 지나치게 섭취하면 몸이 허약해지거나 병이 들 수 있습니다. 가능하면 식품 첨가물이 적게 들어 있거나 아예 들어 있지 않은 식품을 먹도록 하십시오.

마지막으로, 우리가 확인해야 할 것은 제조 일자와 유통 기한입니다. 제조 일자는 그 식품이 만들어진 날짜이며 유통 기한은 그 식품을 먹을 수 있는 기한을 말합니다. 식품을 살 때 제조 일자를 확인해서 더 최근에 만들어진 신선한 식품을 선택하고 유통 기한 내에 모두 드세요.

지금까지 말씀드렸듯이 바른 먹을거리를 찾기 위해서는 영양 성분 표, 식품 첨가물, 제조 일자와 유통 기한을 확인하는 것이 중요합니다. 식품을 살 때마다 조금만 주의를 기울인다면 우리 주변에서 바른 먹을거리를 얼마든지 찾을 수 있을 겁니다. 오늘 강연에 참석해 주신 여러분, 감사드립니다.

2. (1) ② (2) ② (3) ① 아니요 ② 네 ③ 네

Part 3 읽어 봅시다

2. (1) ③ (2) ③ (3) ① 아니요 ② 아니요 ③ 네
   (4)

식당의 외부	식당의 내부	음식의 상차림
허름하다	깔끔하다	소박하다

Part 3 관용 표현

1. (1) 음식을 심하게 가리거나 적게 먹다.
   (2) 식욕이 생기거나 이익이나 재물에 욕심이 생기다.
   (3) 먹은 느낌도 나지 않을 만큼 음식의 양이 적다.
2. (1) 간에 기별도 안 가네요 (2) 군침이 돌아요
   (3) 아이가 입이 짧은가 봐요
3. (1) 네, 간에 기별도 안 가겠어요.
   (2) 입이 짧으면 여행 다니기가 힘들 텐데 안타깝네요.
   (3) 좋아요. 저 칼국수 정말 좋아하는데 생각만 해도 벌써 군침이 도네요.

7과

Part 2 들어 봅시다

기 자 오늘은 연인들의 날 밸런타인데이입니다. 요즘 이런 새로운 기념일들이 넘쳐 나고 있는데요. 오늘은 이런 기념일 문화에 대해 시민들은 어떻게 생각하고 있는지 알아보고자 신촌에 나와 봤습니다. 그럼 시민 몇 분과 인터뷰를 해 보겠습니다. 안녕하세요? 오늘 특별한 계획이 있으십니까?

젊은 여자 네. 남자 친구와 둘이서 분위기 좋은 레스토랑에서 함께 저녁을 먹기로 했어요. 그리고 남자 친구 주려고 초콜릿과 선물도 샀어요.

기 자 그렇군요. 그런데 기념일에 드는 비용이 만만치 않을 것 같은데 혹시 비용이 부담스럽지는 않으신가요?

젊은 여자 글쎄요. 솔직히 말하면 조금은 부담이 돼요. 초콜릿과 선물도 점점 고급화되어 가고 있고 레스토랑도 그날은 아주 비싸게 음식을 팔거든요. 그렇지만 특별한 날에는 비용이 들기 마련이지요. 돈이 좀 들면 어때요? 일 년에 한 번 있는 날이고 서로의 사랑을 확인할 수 있는 날이니까 그 정도는 감수해야지요.

기 자 네. 그렇군요. 인터뷰 감사합니다. 그럼 또 한 분 모시고 이야기 나누어 보겠습니다. 안녕하세요. 오늘은 밸런타인데이인데 이런 기념일 문화에 대해 어떻게 생각하십니까?

젊은 남자 우리나라 기념일도 아닌데 왜 저렇게 챙기는지 모르겠어요. 그거 원래 제과 업체의 상술 아닌가요? 요즘 새로운 기념일들이 넘쳐 나는데 제 생각에는 그런 기념일들이 꼭 기념할 만한 가치가 있는 것인지 잘 모르겠습니다.

기 자 네. 말씀 감사합니다. 지금까지 젊은 세대들의 생각을 들어 봤는데 그럼 이번에는 아주머니 한 분을 인터뷰해 보겠습니다. 혹시 오늘이 무슨 날인지 알고 계십니까?

아주머니 오늘요? 밸런타인데이 아닌가요? 요즘 화이트데이니 블랙데이니 해서 젊은 사람들이 즐기는 기념일들이 굉장히 많더라고요. 그런데 너무 젊은 사람들 위주로 분위기가 흘러가니까 그런 날 우리 같이 나이 많은 사람들은 좀 소외감이 느껴지는 것 같아요.

기 자 네. 말씀 감사합니다. 오늘은 밸런타인데이를 맞아 시민들은 이런 기념일 문화에 대해 어떻게 생각하는지 다양한 의견들을 들어 봤습니다. NBS 뉴스 김상민입니다.

2. (1) 기념일 문화에 대한 시민들의 생각을 알아보는 것
(2) ② (3) ① 아니요 ② 네 ③ 아니요

Part 3 읽어 봅시다

2. (1)

단락	소제목	중심 내용
첫 번째	추석의 유래	추석은 신라 때 '가배'라고 하는 길쌈놀이를 하면서 축제를 벌였던 것에서 유래되었다.
두 번째	추석의 풍습	추석에는 차례 지내기, 음복, 성묘 등의 여러 가지 풍습이 있다.
세 번째	추석의 음식	추석의 대표적인 절식으로는 송편과 토란국이 있다.
네 번째	추석의 놀이	추석에 남자들은 농악과 씨름을, 여자들은 강강술래를 즐겼다.
다섯 번째	추석의 의의	추석은 즐겁고 신나는 날인 동시에 그런 즐거움을 얻은 것에 대한 감사를 잊지 않는 날이기도 하다.

(2) 차례 지내기, 음복하기
(3) ②
(4) 송편을 예쁘게 만들면 나중에 좋은 배우자를 만난다거나 예쁜 아이를 낳는다는 말이 있기 때문에

Part 3 관용 표현

1. (1) 너무 지쳐 기운이 없고 힘을 못 쓰는 상태가 되다.
(2) 일할 사람이 부족하다.
(3) 기대에 차 있거나 안타까운 마음으로 날짜를 꼽으며 기다리다.

2. (1) 손꼽아 기다리고 있어요 (2) 녹초가 되어(서)
(3) 손이 모자라서

3. (1) 손이 모자라면 언제든지 전화하세요. 제가 도와 드릴게요.
(2) 너무 힘들어서 녹초가 됐어요.
(3) 네. 이제 한 달도 안 남았어요. 가족들 모두 아기가 태어날 날만을 손꼽아 기다리고 있어요.

8과

Part 2 들어 봅시다

진행자 젊은 세대들은 결혼을 어떻게 생각하고 또 어떻게 준비하고 싶어 할까요. 오늘은 결혼을 앞둔 신세대들의 생각을 한번 알아보도록 하겠습니다. 김상미 리포터, 요즘 젊은이들은 결혼을 뭐라고 생각하나요?

리포터 네, 지난달에 25세에서 34세의 미혼 남녀 500명을 대상으로 결혼에 대한 설문 조사를 했는데요, 조사 결과에 따르면 응답자의 80% 정도가 결혼은 '즐거운 인생을 위한 투자'며 '노후 준비의 시작'이라고 답했습니다. 기존에는 결혼이라고 하면 사랑, 희생, 책임, 의무 등을 떠올리는 사람들이 많았었는데 그와는 많이 다른 모습입니다.

진행자 그렇군요. 정말 신세대들의 결혼에 대한 생각은 기성세대들의 생각보다는 훨씬 현실적이네요. 그렇다면 혼수나 예물, 집 장만 등 결혼에 필요한 것들을 준비하는 것에 대해서는 어떻게 생각하나요? 사실 이런 것들이 여간 부담스럽지 않을 텐데요.

리포터 네. 그래서 그런지 혼수도 처음부터 돈을 들여 사는 것보다는 살면서 하나씩 마련하는 것이 좋다고 답한 사람들이 많았습니다. 또 예물이나 결혼식 비용 등을 최소화하고 대신 그 돈을 모아서 저축하거나 주식에 투자해서 나중에 집을 장만하고 싶다는 사람들도 많았습니다.

진행자 그래요? 기존에는 남자가 집을 장만하고, 여자가 혼수를 준비하는 것이 관행이었는데 결혼에 필요한 것들을 함께 준비해 나가려는 모습이 참 좋은 것 같네요. 조사 결과를 통해서 젊은 세대들의 결혼관이 많이 달라지고 있음을 알 수 있었습니다. 김상미 리포터, 잘 들었습니다.

2. (1) 즐거운 인생을 위한 투자, 노후 준비의 시작
   (2) ② (3) ① 아니요 ② 네 ③ 아니요

Part 3 읽어 봅시다

2. (1) ④ (2) 25세-35세 미혼 남성 200명, 설문 조사
   (3) ④ (4) ① 네 ② 아니요 ③ 아니요 ④ 아니요

Part 3 관용 표현

1. (1) 결혼식을 올리다.
   (2) 주로 아내가 남편에게 생활의 어려움에서 오는 불평과 잔소리를 심하게 하다.
   (3) 너무 좋아해서 상대방의 단점, 나쁜 점이 제대로 보이지 않다.
2. (1) 국수 먹여 (2) 바가지를 긁어서
   (3) 눈에 콩깍지가 씌어서
3. (1) 정말요? 이제 드디어 국수 먹을 수 있겠네요.
   (2) 알았으니까 바가지 좀 그만 긁어.
   (3) 그러게요. 정말 눈에 콩깍지가 씌었나 봐요.

9과

Part 2 들어 봅시다

진행자 여러분 안녕하세요. 오늘은 화재 현장에서 귀중한 생명을 구해 용감한 시민상을 받으신 이서진 씨를 이 자리에 모셨습니다. 모두 박수로 환영해 주세요. 안녕하세요, 이서진 씨. 먼저 용감한 시민상을 받으신 것을 축하드립니다.

이서진 네, 감사합니다.

진행자 용감한 시민상을 받으신 기분이 어떠십니까?

이서진 글쎄요. 상을 받아서 기쁘다기보다는 별로 대단한 일을 한 것도 아닌데 이런 상을 받게 되어서 조금 쑥스럽습니다. 그 상황에서는 누구라도 그렇게 했을 겁니다.

진행자 겸손의 말씀이세요. 그런데 그날 무슨 일이 있었는지 간단히 설명해 주시겠어요?

이서진 네. 그날 저는 사무실에서 일하고 있었는데 맞은편 건물에 불이 났습니다. 그런데 그 건물 2층에서 미처 빠져 나오지 못한 직원 두 명이 살려 달라고 하는 것이 보였습니다. 소방차를 계속 기다리다가는 그 사람들이 위험할 것 같았어요. 그래서 주변에 있던 사다리를 이용해서 화재가 난 건물 2층 창문으로 들어가서 그들을 구했습니다.

진행자 그 용기가 대단하시네요. 그런 위험한 순간에 자신의 안전을 생각하지 않고 다른 사람을 돕다니 정말 존경스럽습니다. 상을 받은 후 뭔가 달라진 것이 있습

니까?

이서진 네. 상을 받은 후 주변 사람들로부터 정말 많은 칭찬을 받았습니다. 그래서 앞으로도 이 상에 걸맞게 항상 어려움에 처한 사람들을 돕는 용감한 시민으로 살아가려고 합니다.

진행자 네, 말씀 감사합니다. 요즘 누군가가 위험한 상황에 처했을 때 그냥 모르는 척하고 지나가는 사람들이 많다고 합니다. 이런 현실에서 위험을 무릅쓰고 다른 사람을 도우려고 한 이서진 씨의 용기 있는 행동은 우리 모두가 배워야 할 점인 것 같습니다.

2. (1) ③ (2) ① 네 ② 아니요 ③ 네
(3) 위험을 무릅쓰고 다른 사람을 도우려고 한 용기 있는 행동

Part 3 읽어 봅시다

2. (1)

문제	이웃에 대한 무관심
예상되는 일	제2, 제3의 김 할머니와 같은 사건이 일어날 것이다.

(2) ③ (3) ① 아니요 ② 아니요 ③ 네

(4)

406호에 사는 사람	무관심한 상태에서의 이웃
축구 좋아하는 영수네	관심을 가진 상태에서의 이웃

Part 3 관용 표현

1. (1) 주관이나 선입견 때문에 안 좋게 바라보다
(2) 어떤 일을 적극적으로 나서서 하다
(3) 남의 이야기나 의견에 관심을 가지다.
2. (1) 발 벗고 나서서
(2) 귀를 기울이려고 했는데
(3) 색안경을 끼고 보는 것 같아요
3. (1) 어려운 사람을 보면 그냥 지나치지 않고 발 벗고 나서서 도와주거든요.
(2) 축구 선수라고 해서 사업을 못하는 것은 아니잖아요. 축구 선수에 대해 너무 색안경을 끼고 보는 거 아니에요?
(3) 저는 시민들이 무엇을 원하는지에 대해 귀를 기울이는 후보를 뽑을 거예요.

10과

Part 2 들어 봅시다

진행자 최근 성적이나 업무 때문에 스트레스를 받는 사람이 늘고 있습니다. 이들 중에는 자살이라는 극단적인 선택을 하는 이들도 있다고 하는데요. 오늘은 한국대학교 심리학과 김현수 교수님을 모시고 이러한 문제를 진단해 보는 시간을 갖도록 하겠습니다. 김 교수님, 이러한 현상의 원인은 무엇일까요?

전문가 네. 이는 늘 최고만을 인정하는 '1등 지상주의'와 업적 위주로만 사람을 평가하는 '실적주의'가 사회 전반에 퍼져 있기 때문입니다. 이로 인해 개인들은 경쟁에서 낙오될지도 모른다는 불안감을 늘 갖게 되고, 경쟁에서 실패했을 경우에는 큰 좌절감을 느끼게 됩니다. 이것이 심해지면 자살이라는 극단적인 선택을 하게 되지요.

진행자 네, 그렇군요. 그러나 현대 사회에서 경쟁은 피할 수 없는 것일 텐데요. 그렇다면 이러한 경쟁 사회 속에서 사람들은 어떻게 해야 할까요?

전문가 첫째로 건강하고 튼튼한 자아를 갖는 것이 필요합니다. 자신의 가능성과 한계를 객관적으로 바라보고, 있는 그대로의 자신을 소중히 여길 줄 알아야 합니다. 그렇게 되면 사회적 기준에 따른 평가에 크게 흔들리지 않게 될 겁니다.

진행자 네. 정말 튼튼한 자아를 가질 수 있다면 이러한 경쟁 사회에서 스트레스를 좀 덜 받을 수 있겠네요. 또 다른 방법으로는 어떤 것이 있을까요?

전문가 네. 삶의 가치를 다양한 곳에서 찾는 것이 필요합니다. 주위를 둘러보면 가족이나 친구처럼 우리가 가치를 둘 만한 것들이 많이 있는데도 경쟁에서 이겨 성공하는 것만을 최고의 가치로 여기는 사람들이 많습니다. 삶의 가치가 성공에만 있는 것은 아닙니다.

진행자 네. 교수님 말씀처럼 사회적인 성공만을 좇을 게 아니라 우리 주변에서 삶의 가치를 찾는 태도가 필요하겠네요. 말씀해 주신 두 가지 모두가 경쟁 사회를 살아가는 우리들에게 꼭 필요한 것 같습니다. 지금까지 경쟁 사회에서 사람들이 가져야 할 태도에 대해 이야기를 나누어 봤습니다. 김 교수님, 말씀 감사합니다.

2. (1) 늘 최고만을 인정하는 1등 지상주의, 업적 위주로만 사람을 평가하는 실적주의

(2) 건강하고 튼튼한 자아를 가져야 한다. 삶의 가치를 다양한 곳에서 찾는 것이 필요하다.

(3) ① 네 ② 아니요 ③ 아니요

Part 3 읽어 봅시다

2. (1) ④

(2) 첫째, 시설이 들어설 지역을 선정할 때 정부가 공정하게 선정해야 한다. 둘째, 혐오 시설 설치 지역으로 선정된 지역에는 그에 상응하는 보상이 따라야 한다. 셋째, 주민들이 성숙한 주민 의식을 가져야 한다.

(3) ① 아니요 ② 아니요 ③ 네

(4) 〈님비 현상〉: 핵폐기물 처리장, 원자력 발전소, 하수 처리장, 쓰레기 매립장 등 대규모 공공사업이 주민들의 반발에 부딪혀 제대로 시행되지 못하고 있는 상황
〈핌피 현상〉: 고속철도 노선을 서로 갖고자 인접한 두 지역이 대립한 것, 대기업 생산 공장을 서로 자기 지역에 유치하고자 하는 행동

Part 3 관용 표현

1. (1) 알고도 모르는 척해 주다.

(2) 자기가 하고도 하지 않은 척하거나 알고 있으면서도 모르는 척하다.

(3) 부끄러움을 모르고 염치가 없다.

2. (1) 눈감아 주는

(2) 시치미를 떼잖아요

(3) 낯이 두꺼운

3. (1) 시치미 떼지 마. 얼굴에 다 묻어 있잖아.

(2) 죄송합니다. 한 번만 눈감아 주세요.

(3) 정말 낯이 두꺼운 사람이군요. 절대 빌려 주지 마세요.

찾아보기

ㄹ

ㅁ

ㅂ

ㅅ

ㅇ

ㅈ

ㅊ

ㅋ

ㅌ

ㅍ

ㅎ

지은이 소개

허연임 Yeon Im Huh
이화여자대학교 언어교육원 강사
중앙대학교 영어영문학과 석사

윤영 Young Yun
전 이화여자대학교 언어교육원 강사
연세대학교 한국학협동과정 박사

권경미 Kyong Mi Kwon
전 이화여자대학교 언어교육원 강사
이화여자대학교 국어국문학과 박사

이을지 Eul Ji Lee
전 이화여자대학교 언어교육원 강사
이화여자대학교 한국학과 박사 수료

최우전 Woo Jun Choi
전 이화여자대학교 언어교육원 강사
상명대학교 한국학과 박사 수료

MP3 목차

• 본 교재의 듣기 자료는 이화여자대학교출판문화원 홈페이지(www.ewhapress.com) '자료실'에서 내려받을 수 있습니다.